PowerPoint 2016 基礎

セミナーテキスト

日経BP社

はじめに

本書は、次の方を対象にしています。

■Microsoft PowerPoint 2016を初めて使用される方。
■日本語入力の操作ができる方。

スライドの作成などの基本的な操作から、SmartArtグラフィックの追加、グラフや表の挿入、スライドショーの設定、資料の印刷まで、PowerPoint 2016を使ってプレゼンテーションを作成する方法を学習します。本書に沿って学習すると、PowerPoint 2016の基本的な操作ができるようになります。

制作環境

本書は以下の環境で制作・検証しました。

■Windows 10 Pro（日本語版）をセットアップした状態。
　※ほかのエディションやバージョンのWindowsでも、Office 2016が動作する環境であれば、ほぼ同じ操作で利用できます。
■Microsoft Office Professional 2016（日本語デスクトップ版）をセットアップし、Microsoftアカウントでサインインした状態。マウスとキーボードを用いる環境（マウスモード）。
■画面の解像度を1280×768ピクセルに設定し、ウィンドウを全画面表示にした状態。
　※上記以外の解像度やウィンドウサイズで使用すると、リボン内のボタンが誌面と異なる形状で表示される場合があります。
■[アカウント]画面で[Officeの背景]を[背景なし]、[Officeテーマ]を[白]に設定した状態。
■プリンターをセットアップした状態。
　※ご使用のコンピューター、プリンター、セットアップなどの状態によって、画面の表示が本書と異なる場合があります。

おことわり
本書発行後の機能やサービスの変更により、誌面の通りに表示されなかったり操作できなかったりすることがあります。その場合は適宜別の方法で操作してください。

表記

- メニュー、コマンド、ボタン、ダイアログボックスなどで画面に表示される文字は、角かっこ（[ ]）で囲んで表記しています。ボタン名の表記がないボタンは、マウスでポイントすると表示されるポップヒントで表記しています。
- 入力する文字は「」で囲んで表記しています。
- 本書のキー表記は、どの機種にも対応する一般的なキー表記を採用しています。2つのキーの間にプラス記号（+）がある場合は、それらのキーを同時に押すことを示しています。
- マウス操作の説明には、次の用語を使用しています。

用語	意味
ポイント	マウスポインターを移動し、項目の上にポインターの先端を置くこと
クリック	マウスの左ボタンを1回押して離すこと
右クリック	マウスの右ボタンを1回押して離すこと
ダブルクリック	マウスの左ボタンを2回続けて、すばやく押して離すこと
ドラッグ	マウスの左ボタンを押したまま、マウスを動かすこと

操作手順や知っておいていただきたい事項などには、次のようなマークが付いています。

マーク	内容
操作☞	これから行う操作
Step 1	細かい操作手順
重要	操作を行う際などに知っておく必要がある重要な情報の解説
ヒント	本文で説明していない操作や、知っておいた方がいい補足的な情報の解説
用語	用語の解説

実習用データ

本書で学習する際に使用する実習用データを、以下の方法でダウンロードしてご利用ください。

■ダウンロード方法

①以下のサイトにアクセスします。

　　https://bookplus.nikkei.com/atcl/catalog/15/B30200/

②「実習用データダウンロード／講習の手引きダウンロード」をクリックします。

③表示されたページにあるそれぞれのダウンロードのリンクをクリックして、ドキュメントフォルダーにダウンロードします。ファイルのダウンロードには日経IDおよび日経BPブックス&テキストOnlineへの登録が必要になります（いずれも登録は無料）。

④ダウンロードしたzip形式の圧縮ファイルを展開すると［PowerPoint2016基礎］フォルダーが作成されます。

⑤［PowerPoint2016基礎］フォルダーを［ドキュメント］フォルダーまたは講師から指示されたフォルダーなどに移動します。

ダウンロードしたファイルを開くときの注意事項

インターネット経由でダウンロードしたファイルを開く場合、「注意――インターネットから入手したファイルは、ウイルスに感染している可能性があります。編集する必要がなければ、ほぼビューのままにしておくことをお勧めします。」というメッセージバーが表示されることがあります。その場合は、［編集を有効にする］をクリックして操作を進めてください。

ダウンロードしたzipファイルを右クリックし、ショートカットメニューの［プロパティ］をクリックして、［全般］タブで［ブロックの解除］を行うと、上記のメッセージが表示されなくなります。

実習用データの内容

実習用データには、本書の実習で使用するデータと章ごとの完成例、復習問題や総合問題で使用するデータと完成例が収録されています。前の章の最後で保存したファイルを次の章で引き続き使う場合がありますが、前の章の学習を行わずに次の章の実習を始めるためのファイルも含まれています。

講習の手引きと問題の解答

本書を使った講習を実施される講師の方向けの「講習の手引き」と、復習問題と総合問題の解答をダウンロードすることができます。ダウンロード方法は上記の「ダウンロード方法」を参照してください。

目次

第1章 PowerPointの基本操作 … 1

- PowerPointの特徴 … 2
  - PowerPointでできること … 2
  - プレゼンテーション作成の手順と心得 … 3
- PowerPointの起動 … 5
- プレゼンテーションを開く … 6
- PowerPointの画面構成 … 8
- 画面の操作 … 10
  - リボンの利用 … 10
  - 表示モードの切り替え … 12
  - 表示スライドの切り替え … 15
- 文字列やオブジェクトの選択 … 17
  - 文字列の選択 … 17
  - オブジェクトの選択 … 19
- PowerPointの終了 … 22

第2章 プレゼンテーションの作成と編集 … 27

- プレゼンテーションの作成 … 28
  - プレゼンテーションの新規作成 … 28
  - テンプレートからの作成 … 29
- スライドの追加 … 31
  - 新しいスライドの挿入 … 32
  - プレースホルダーへの文字入力 … 34
  - 箇条書きの編集 … 36
- プレゼンテーション構成の見直し … 38
  - アウトライン表示での編集 … 39
  - スライドの複製・移動・削除 … 43
- スライドのデザイン設定 … 48
  - テーマの設定 … 49
  - スライドレイアウトの変更 … 50
  - テーマのカスタマイズ … 51
- 文字の書式設定 … 53
  - フォントの変更 … 54

　　　　文字の大きさの変更 ─── 55
　　　　文字のスタイルの変更 ─── 56
　　　　文字の色の変更 ─── 57
　　段落の書式設定 ─── 59
　　　　段落の配置の変更 ─── 60
　　　　行間の変更 ─── 61
　　　　行頭文字の変更 ─── 62
　　プレゼンテーションの保存 ─── 63

第3章 図解の作成　69

図解のポイント ─── 70
SmartArtグラフィックの作成 ─── 72
　　SmartArtグラフィックの挿入 ─── 74
　　SmartArtグラフィックへの文字の挿入 ─── 77
　　SmartArtグラフィックのレイアウトの変更 ─── 78
　　SmartArtグラフィックのスタイルの変更 ─── 79
　　SmartArtグラフィックへの変換 ─── 81
図形の作成 ─── 82
　　図形の挿入 ─── 82
　　図形への文字の挿入 ─── 84
　　図形の複製 ─── 86
　　図形の整列 ─── 88
　　コネクタによる図形の結合 ─── 90
　　複数の図形のグループ化 ─── 92
　　クイックスタイルの適用 ─── 94
　　重ね合わせ順序の変更 ─── 95

第4章 オブジェクトの挿入　101

数値を明確にするオブジェクト（表、グラフ） ─── 102
　　表の挿入 ─── 102
　　グラフの挿入 ─── 109
イメージを引き出すオブジェクト（イラスト、写真） ─── 117
　　イラストの挿入 ─── 117
　　写真の挿入 ─── 120

情報をまとめるオブジェクト（ワードアート、テキストボックス） ── 125
　　　　　ワードアートの挿入 ── 125
　　　　　テキストボックスの挿入 ── 128

第5章 特殊効果の設定　133

　効果的な特殊効果 ── 134
　画面切り替え効果の設定 ── 137
　アニメーションの設定 ── 140
　　　テキストのアニメーション設定 ── 140
　　　グラフのアニメーション設定 ── 142
　　　その他のアニメーション設定 ── 144
　スライドショーの実行 ── 147
　　　スライドショーの実行 ── 150
　　　リハーサルの実行 ── 152

第6章 資料の作成と印刷　157

　発表者用資料の作成 ── 158
　プレゼンテーションの印刷 ── 162
　　　印刷設定と印刷プレビュー ── 163
　　　印刷の実行 ── 167

総合問題 ── 171
索引 ── 182

PowerPointの基本操作

- PowerPointの特徴
- PowerPointの起動
- プレゼンテーションを開く
- PowerPointの画面構成
- 画面の操作
- 文字列やオブジェクトの選択
- PowerPointの終了

PowerPointの特徴

PowerPointは、プレゼンテーションに使うデータや文書を効率よく作成するツールです。アイディアをすばやく簡単にまとめることができる操作性、図形、グラフ、動画、サウンドなどのさまざまなオブジェクトとの親和性、ネットワーク環境への対応など、プレゼンテーションをサポートする機能を提供しています。

PowerPointでできること

PowerPointでは、紙芝居のように次々と画面が切り替わるプレゼンテーション用資料を作成することができます。実際には「スライド」と呼ばれる1枚の用紙に文字、図形、写真などのオブジェクトを盛り込み、これらをカラフルに色づけしたり、動きや音をつけたりする作業を繰り返し行います。このスライドを必要な枚数用意してまとめたものを「プレゼンテーション」として発表したり、印刷して配布したりすることができます。
スライドに配置する文字を「テキスト」、図形や写真を「オブジェクト」と呼びます。

■表現力の充実
初めての人でも、以下のような機能で目的にあった印象的なスライドを作ることができます。
- デザインテンプレート…テンプレートを選ぶだけでも、洗練されたデザインのスライドが作れます。また、1つのプレゼンテーションの中で複数のデザインテンプレートを使えるので、途中から印象を変えたいときなどに威力を発揮します。
- 画像、動画、音声…多くの形式のファイルに対応しているので、デジタルカメラで撮った写真やビデオの動画をプレゼンテーションに簡単に取り込めます。
- アニメーション…表現力豊かなアニメーション機能が用意されており、自由に描いた軌跡上にオブジェクトを動かすこともできます。
- SmartArt…組織図など複雑な図表を簡単に作成できます。
- スライドショー …スライドの表示順の変更、ジャンプなど、さまざまなコントロールを配置できます。

■画面構成と操作性
PowerPointの画面は「スライドペイン」、「ノートペイン」、「スライドのサムネイル（またはアウトライン）」、の3つに分割され、全体の構成を確認しながらスライドの作り込みをしていけるようになっています。
使用頻度の高い機能は、画面上部にある「リボン」にまとめてあり、操作の手間を省いたり、複雑な設定を簡単に行ったりすることができます。たとえば、アニメーションの設定をしながら同時に動きを確認することができます。

■発表に便利な機能
プレゼンテーションを実行する際には、プレゼンテーションに必要なあらゆる操作をまとめたツールバーが使えます。また、画面にメモをしたり、マーキングや下線を施したりすることができます。

■印刷と印刷プレビュー機能
プレゼンテーションは配布資料として印刷できます。
印刷前にはプレビューを表示できます。また、カラーで作成したプレゼンテーションをモノクロで印刷するときの効果もプレビューで確認することができます。

■快適な日本語入力
PowerPointは、優れた日本語処理機能を備えています。たとえば入力時の間違いや不適切な文字を自動的に修正するオートコレクト機能や、作成者に注意を促す日本語文章校正機能、箇条書きの行頭番号の自動入力などで、不用意な間違いを防ぐことができるので、作業効率が向上します。

プレゼンテーション作成の手順と心得

ビジネスにおいて効果的なプレゼンテーションを行うには、言葉による説明を視覚的に補うことが大切です。PowerPointを使えば、特別なデザインの知識がなくても、わかりやすく、印象的で、説得力のあるプレゼンテーションを短時間で簡単に作成できます。

PowerPointは、スライドや配布資料を作成するだけでなく、全体の構成を提示する機能などを揃えており、プレゼンテーションの企画から実施までのさまざまな作業をカバーしています。それを支援するPowerPointの機能をまとめると、次の図のようになります。

作業の流れ	PowerPointの機能
構成の決定 アイディアの整理	・新しいプレゼンテーションの用意 （テンプレートの利用） ・アウトライン機能
スライドの作成と編集	・レイアウトの設定 ・表、イラスト、写真、SmartArt、グラフの挿入 ・ワードアート、ビデオ、サウンドの挿入 ・デザインの設定（テーマの適用） ・アニメーションの適用
配布資料の準備 リハーサル	・発表者用のノートや配布資料の印刷 ・リハーサル ・第三者からの校閲
プレゼンテーションの実施	・スライドショー

■スライドを作成する心得

PowerPointを使った作業は、主にスライドを作る作業です。ただやみくもに作ったのでは、聞き手にわかりやすく、印象に残るプレゼンテーションを行うことができません。以下の点に注意して作成するように心がけましょう。

・文字ばかりにせず、図や写真を入れる
・文字のサイズを極端に小さくしない
・強調する箇所を多用しない（3つを目安に）
・アニメーション（効果）をつけすぎない
・結論を先に述べる

■プレゼンテーションを構成するスライドの種類

プレゼンテーションを構成しているスライドを作成するには、あらかじめ用意されたレイアウトから目的のものを選び、作り始めます。よく利用するものは以下のとおりです。

タイトルスライド…最初のスライド
タイトルとコンテンツ…スライド見出しと写真やグラフなどのコンテンツ1つ
2つのコンテンツ…スライド見出しとコンテンツ2つ
比較…[2つのコンテンツ]に箇条書き部分を追加
タイトルのみ…スライド見出しだけ（後からコンテンツの追加は可能）

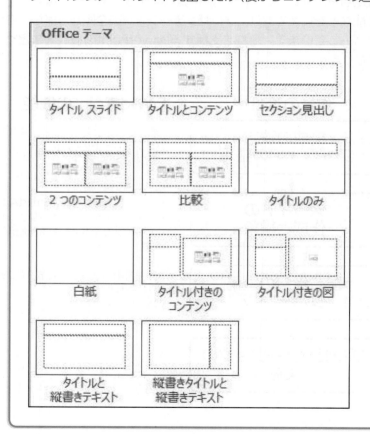

PowerPointの起動

PowerPointの起動の手順を学習します。PowerPointをはじめ、さまざまなアプリケーションを使用するときに必要になる操作です。しっかり覚えましょう。

操作 PowerPointを起動する

Step 1 [スタート]ボタンから[PowerPoint 2016]をクリックします。

❶ [スタート]ボタンをクリックします。

❷ [すべてのアプリ]をクリックします。

❸ [PowerPoint 2016]をクリックします。

ヒント
タスクバーから起動する
PowerPointを起動した後に、タスクバー上のアイコンを右クリックして[タスクバーにピン留めする]をクリックすると、次回からタスクバーのアイコンでPowerPointを起動できるようになります。

Step 2 PowerPointが起動します。

❶ PowerPointが起動し、タスクバーにPowerPointのアイコンが表示されていることを確認します。

用語
サインイン
本書では、あらかじめMicrosoftアカウントでOfficeにサインインした状態の画面で操作を進めていきます。サインインしていない場合は右上に「サインインしてOfficeを最大限に活用しましょう」と表示されるので、その部分をクリックしてサインインします。

用語
Microsoftアカウント
MicrosoftアカウントでOfficeにサインインすると、インターネット上のOneDriveにファイルを保存して、他のパソコンのPowerPointやWebブラウザーから閲覧したり編集したりすることができます。

第1章 PowerPointの基本操作

プレゼンテーションを開く

すでに保存されているプレゼンテーション（PowerPointのファイル）を編集するには、PowerPointウィンドウに対象のプレゼンテーションを開いて操作します。

操作 ファイルを開く

［ドキュメント］フォルダーの中の［PowerPoint2016基礎］フォルダーに保存されているファイル「新型掃除機"スパイラル"」を開きましょう。

Step 1 ［開く］画面を表示します。

❶ ［他のプレゼンテーションを開く］をクリックします。

💡 **ヒント**
最近使ったファイル
以前にファイルを開いたことがある場合は［最近使ったファイル］の一覧にファイル名が表示され、クリックして開くことができます。

Step 2 ［ドキュメント］フォルダーを開きます。

❶ ［参照］をクリックします。

💡 **ヒント**
ファイルを開いている場合
他のファイルを開いている状態から別のファイルを開くには、［ファイル］タブをクリックして［開く］をクリックします。

Step 3 開くファイルが保存されているフォルダーを指定します。

> **ヒント**
> **表示方法の変更**
> 本書では表示方法として[詳細]が選択された状態の画面になっています。ツールバーの右側にある▼（その他のオプション）ボタンをクリックすると表示方法を選択できます。

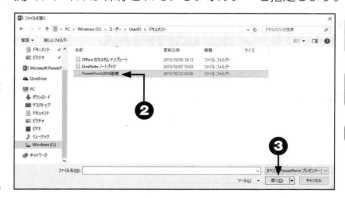

① [ドキュメント] が選択されていることを確認します。

② [PowerPoint2016基礎] をクリックします。

③ [開く] をクリックします。

Step 4 開くファイルを指定します。

> **重要**
> **ファイルを開く際の表示**
> ファイルを開くときに「保護ビュー 注意―インターネットから入手したファイルは、ウイルスに感染している可能性があります。編集する必要がなければ、保護ビューのままにしておくことをお勧めします。」というメッセージバーが表示されることがあります。その場合は、[編集を有効にする]をクリックして操作を進めてください。

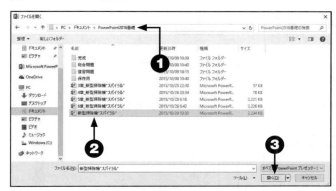

① [PowerPoint2016基礎] と表示されていることを確認します。

② 「新型掃除機"スパイラル"」をクリックします。

③ [開く] をクリックします。

Step 5 ファイル「新型掃除機"スパイラル"」が開きます。

> **ヒント**
> **サインインしていない場合**
> Microsoftアカウントでサインインしていない場合は、右上のユーザー名は表示されません。代わりに[サインイン]が表示されます。

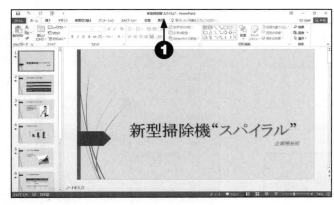

① タイトルバーに [新型掃除機"スパイラル"] と表示されていることを確認します。

> **ヒント** **PowerPointが起動していない状態からファイルを開く**
> PowerPointが起動していない状態でも、ファイルを指定して開くことができます。デスクトップ上のファイルのアイコンや、エクスプローラーで開いたフォルダーにあるファイルを、ダブルクリックするか右クリックして表示されるショートカットメニューの [開く] をクリックすると、PowerPointが起動してファイルが開きます。

PowerPointの画面構成

PowerPointの画面の構成要素について説明します。

クイックアクセスツールバー
よく利用するボタンを配置しておくことができます。

[ファイル]タブ
クリックすると、保存メニューや印刷メニューが表示されます。そのほかPowerPointの設定やファイルを開いたり閉じたりするメニューがまとめられています。

リボン
よく利用するコマンド（命令）を割り当てたボタンが機能ごとにパネルに分類、配置されています。

スライドのサムネイル
スライドのサムネイル（縮小版）が表示されます。ステータスバーにある[標準]ボタンをクリックするたびに、サムネイル表示（標準）とアウトライン表示が切り替わります。

グループ
類似の機能をまとめて名前が付けられています。

詳細なダイアログボックスの表示
クリックすると、より詳細な設定ができるダイアログボックスが表示されます。

ステータスバー
現在画面に表示されているスライドのページ番号、スライドのレイアウトのテーマ名などが表示されます。

[ノート]ペイン
発表者用のノートや聞き手と共有する情報を入力できます。

ノート
[ノート]ペインの表示/非表示を切り替えます。

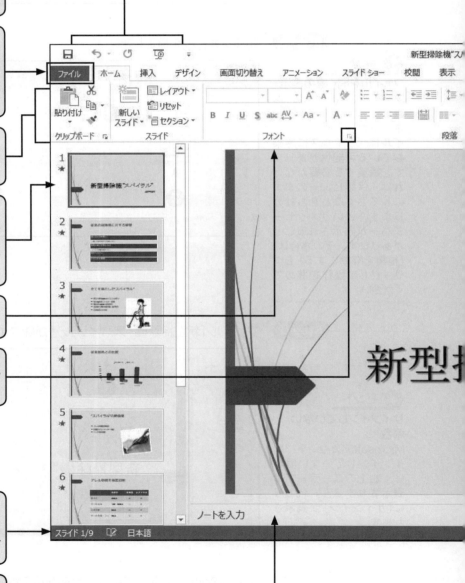

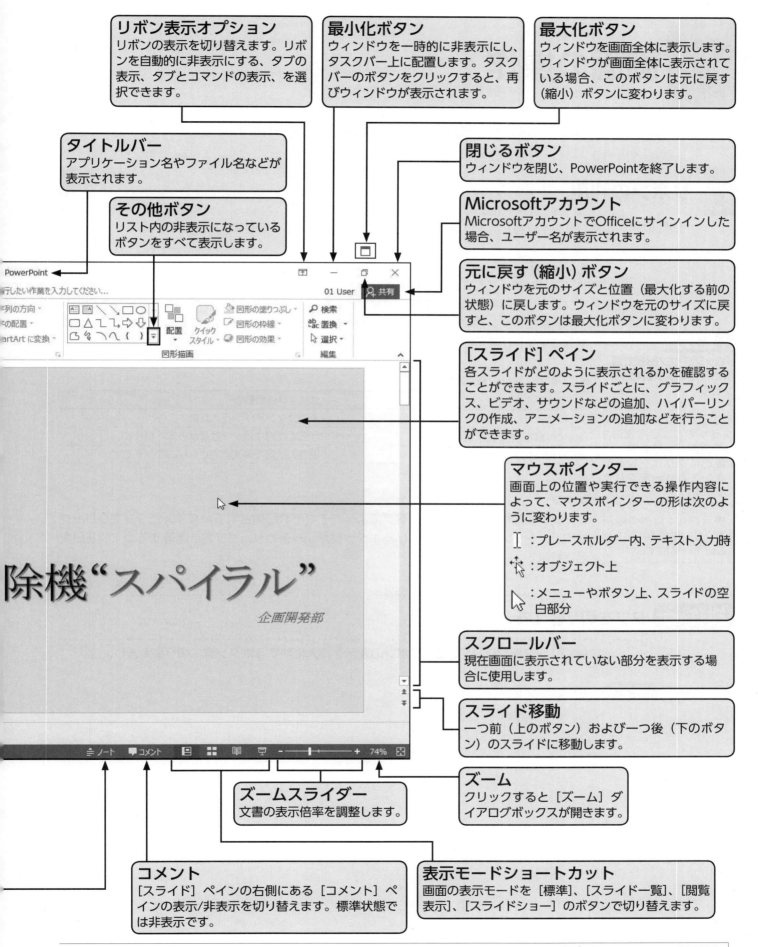

画面の操作

表示モードの変更や、スライドの切り替えなどの操作について学習します。

リボンの利用

リボンには、コマンドを割り当てたボタンが機能ごとに分類され配置してあります。

■ コマンド

コマンドとは、さまざまな処理を行うための命令です。PowerPointのすべての機能は、コマンドとして用意されています。コマンドを実行するには、主にリボン内のボタンを利用します。またボタン内に表示されている▼をクリックすると、ドロップダウン形式でさらに詳細なコマンドが表示されます。

💡 ヒント
ドロップダウン形式で表示させたボタン群のキャンセル
ドロップダウン形式で表示させたボタン群をキャンセルするには、次の3つの方法があります。
・最初にクリックしたボタンをもう一度クリックする。
・ドロップダウン形式で表示された以外の場所をクリックする。
・**Esc**キーを押す。

■ コマンドクリック後の動作

コマンドの表記	クリック後の動作
ボタン名のみ	そのコマンドが実行されます。
ボタンの中に▼が表示されている	さらに詳細なボタンなどが表示されます。
淡色で表示されている	現在の状況では実行できないコマンドです。

■ タブ

コマンドは機能別に分類され、タブによってそれぞれ配置されています。各タブをクリックすると、タブの下に配置されているボタン群が切り替わり、タブ名に関連するコマンドが表示されます。

操作 👉 タブを切り替える

[挿入] タブをクリックして、リボンの表示を挿入に関するボタン群に切り替えましょう。

Step 1 [挿入] タブをクリックします。

Step 2 リボンのボタン群が、挿入に関連するコマンドに切り替わります。

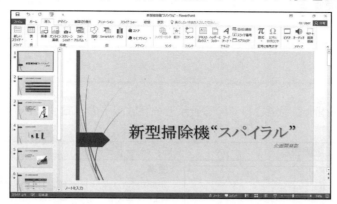

Step 3 [ホーム] タブをクリックして、元に戻しておきます。

操作☞ コマンドを利用する

[新しいスライド] コマンドを実行して、スライドレイアウトの一覧を表示しましょう。

Step 1 [新しいスライド] ボタンの▼をクリックします。

Step 2 新しいスライドの詳細として、ドロップダウン形式でスライドレイアウトの一覧が表示されました。

Step 3 **Esc**キーを押して、レイアウトの一覧を閉じます。

表示モードの切り替え

PowerPointには、表示モードが5種類用意されています。作業に合わせて使い分けましょう。

PowerPointで用意されている表示モードは以下のとおりです。

ボタン	画面表示	表示モードと機能
		**標準** 初期設定の表示モードで、スライドを作成していくときは、一般にこのモードを使用します。3つの作業領域を使って、プレゼンテーションにテキストを書き込んだりプレゼンテーションをデザインしたりなど、さまざまな作業を行います。 右の作業領域であるスライドペインには、作業の対象となるスライドが大きく表示されます。 スライドペインの下にあるノートペインには、発表中に参照したいコメントやメモを入力できます。
		**スライド一覧** プレゼンテーションのすべてのスライドが縮小され、一覧で表示されます。スライド全体の構成や分量、バランスなどを確認する場合に使います。スライドの追加、削除、移動、および画面の切り替えやアニメーションのプレビューを簡単に実行できます。
	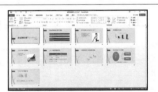	**ノート** スライドとノートが表示されるモードです。画面の表示と同じ状態で印刷できます。発表時の注意事項や留意点を編集する場合に便利です。ノート表示モードに切り替えるには、[表示] タブ [プレゼンテーションの表示] グループの [ノート] ボタンをクリックします。
		**閲覧表示** スライドショーを実行すると、通常は全画面表示で表示されますが、この閲覧表示を使えば、現在の画面サイズでスライドショーが実行されます。複数のウィンドウを開いて作業しているときなどに便利なモードです。
	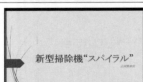	**スライドショー** 作成したプレゼンテーションを、コンピューターのディスプレイ全体に表示するモードです。設定した特殊効果も実行されます。実際にプレゼンテーションを行うときに使います。

> **用語**
> **サムネイル**
> サムネイルとは、スライドの縮小版の画像のことです。

操作 表示モードを切り替える

スライド一覧に切り替えましょう。

Step 1 スライド一覧に切り替えます。

❶ [スライド一覧] ボタンをクリックします。

> 💡 **ヒント**
> **スライド一覧への別の切り替え方**
> [表示] タブの [スライド一覧] ボタンをクリックしても、切り替えることができます。

Step 2 スライド一覧に切り替わりました。

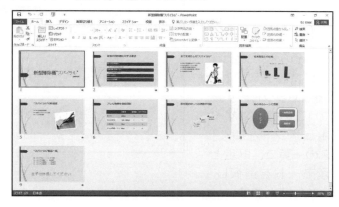

Step 3 標準に切り替えます。

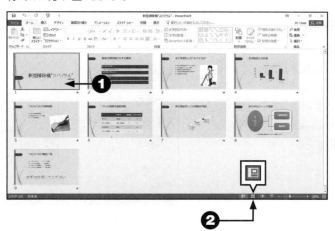

❶ 1枚目のスライドがオレンジ色の枠で囲まれ、選択されていることを確認します。

❷ [標準] ボタンをクリックします。

❸ 標準に切り替わりました。

> 💡 **ヒント**
> **標準への別の切り替え方**
> [表示] タブの [標準] ボタンをクリックしても、切り替えることができます。

第1章 PowerPointの基本操作

ヒント　ノート表示とノートペイン

[表示] タブには [ノート] と書かれたボタンが2つあります。[プレゼンテーションの表示] グループの [ノート表示] ボタンは、スライドとノートを1枚の用紙に印刷する場合の表示を確認するものです。一方 [表示] グループの [ノートペイン] ボタンは、ノートペインの表示/非表示を切り替えます。この2つのボタンは、間違えやすいので注意しましょう。

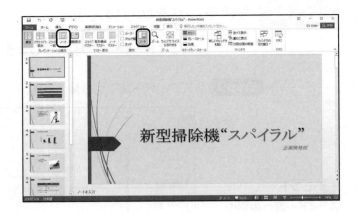

ヒント　特定の表示モードで開く

次の方法で、常に特定の表示モードで開くように指定することができます。

1. [ファイル] タブをクリックし、[オプション] をクリックします。
2. [PowerPointのオプション] ダイアログボックスの [詳細設定] をクリックします。
3. [表示] の [この表示ですべてのドキュメントを開く] ボックスの一覧で、既定とする表示モードを選択し、[OK] をクリックします。

ヒント　表示倍率の変更

スライドペインの表示倍率を変更するには「ズームスライダー」を利用すると便利です。ズームスライダーにあるツマミを左右へドラッグするだけで、表示倍率を任意の倍率に変更することができます。

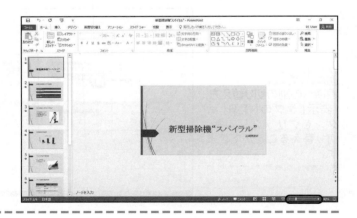

表示スライドの切り替え

開いているプレゼンテーションの別のスライドを表示するには、[次のスライド] ボタンをクリックする方法や、スライドのサムネイルをクリックする方法があります。

操作 ☞ 次のスライドを表示する

Step 1 次のスライドに切り替えます。

❶ 1枚目のスライドが表示されていることを確認します。

❷ [次のスライド] をポイントします。

❸ [次のスライド] という表示（ポップヒント）が現れることを確認します。

❹ ポイントしている位置でクリックします。

Step 2 2枚目のスライドに切り替わりました。

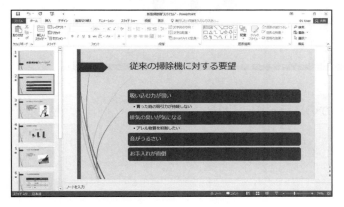

Step 3 同様に、ほかのスライドに切り替えます。

操作 ☞ 任意のスライドを表示する

Step 1 4枚目のスライドに切り替えます。

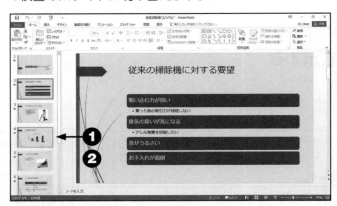

❶ 4枚目のスライドのサムネイルをポイントします。

❷ ポイントしている位置でクリックします。

Step 2 4枚目のスライドに切り替わりました。

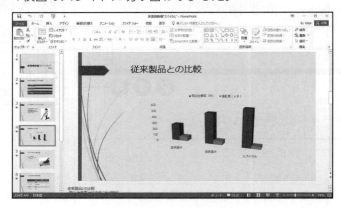

Step 3 同様に、ほかのスライドに切り替えます。

文字列やオブジェクトの選択

PowerPointで編集を行うには、編集する部分を選択してからコマンドを実行します。文字を選択すると、選択した文字だけが編集の対象になります。オブジェクトを選択すると、選択したオブジェクトの枠内のすべてが編集の対象になります。

文字列の選択

用語
プレースホルダー
プレースホルダーとは、スライド上に表示される点線で囲まれたボックスのことです。スライド、タイトル、サブタイトル、テキスト、グラフ、表、組織図、クリップアートなどのオブジェクトを追加する場所を確保します。

任意の文字に対して編集を行う場合は、目的の文字列を選択します。
文字列を選択するには、文字列の一部だけを選択する方法と、文字列全体を選択する方法があります。
文字列の一部を選択するには、選択する文字を1文字ずつドラッグします。選択された文字は、反転して表示されます。
また、文字列全体を選択するには、文字列が配置されている[プレースホルダー]を選択します。プレースホルダーを選択すると、枠線の形状が点線から実線に変わります。

操作 文字列を選択する

1枚目のスライドの文字列のうち、「新型掃除機」を選択しましょう。

Step 1 サムネイルをクリックして1枚目のスライドに切り替えます。

Step 2 選択する文字列の先頭をポイントします。

❶ マウスポインターの形が I になっていることを確認します。

第1章 PowerPointの基本操作 *17*

Step 3 文字列を選択します。

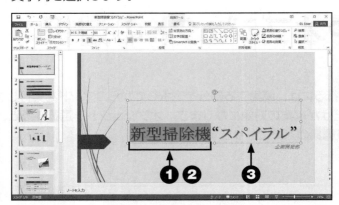

❶ 右方向にドラッグして、「新型掃除機」を選択します。

❷ 「新型掃除機」がグレーの網掛けで囲まれ、選択されます。

❸ プレースホルダーの枠が表示されていることを確認します。

ヒント
文字列選択の別の方法
選択する文字列の先頭にカーソルを置き、**Shift**キーを押しながら方向キーを押して選択することもできます。

Step 4 文字列の選択を解除します。

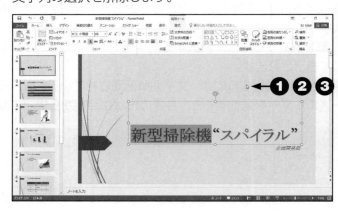

❶ プレースホルダーの外側の空白部分をポイントします。

❷ マウスポインターの形が ☊ になっていることを確認します。

❸ ポイントしている位置でクリックします。

Step 5 文字列の選択が解除されました。

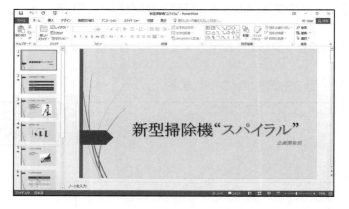

オブジェクトの選択

ここではオブジェクトの1つである「プレースホルダー」を選択します。プレースホルダー自体を選択するには、プレースホルダー内をクリックしたときに表示される「点線の枠」をクリックします。

操作 プレースホルダーを選択する

「新型掃除機"スパイラル"」と入力されているプレースホルダーを選択しましょう。

Step 1 プレースホルダーの枠を表示します。

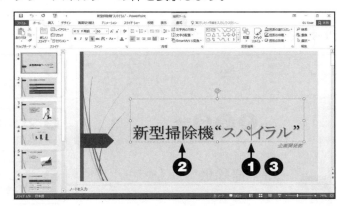

❶ プレースホルダー内の文字をクリックします。

❷ 枠が表示されます。

❸ カーソルが表示されます。

Step 2 プレースホルダーを選択します。

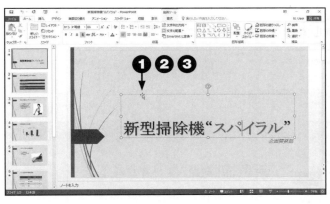

❶ 枠をポイントします。

❷ マウスポインターの形が になっていることを確認します。

❸ ポイントしている位置でクリックします。

第1章 PowerPointの基本操作

Step 3 プレースホルダーが選択されました。

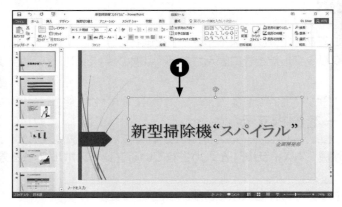

> **ヒント**
> **プレースホルダーの選択**
> プレースホルダー全体を選択すると、実線の枠とハンドルが表示されます。枠内にカーソルが表示されている場合、プレースホルダー全体は選択されていません。

❶ 枠線の形状が実線に変わり、カーソルの表示が消えたことを確認します。

Step 4 プレースホルダーの選択を解除します。

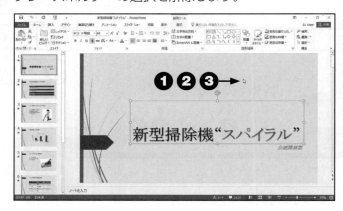

❶ プレースホルダーの外側の空白部分をポイントします。

❷ マウスポインターの形が になっていることを確認します。

❸ ポイントしている位置でクリックします。

Step 5 プレースホルダーの選択が解除されました。

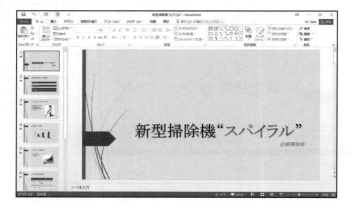

操作　オブジェクトを選択する

3枚目のスライドで、オブジェクトを選択しましょう。

Step 1 3枚目のスライドのサムネイルをクリックします。

Step 2 オブジェクトを選択します。

❶ オブジェクトをポイントします。

❷ マウスポインターの形が ✥ になっていることを確認します。

❸ ポイントしている位置でクリックします。

Step 3 オブジェクトが選択されました。

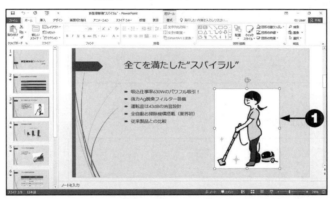

❶ 枠とハンドルが表示されたことを確認します。

Step 4 スライドの空白部分をクリックして選択を解除します。

PowerPointの終了

現在開いているプレゼンテーションを閉じる場合、そのプレゼンテーションだけを閉じる方法と、PowerPoint自体を終了する方法があります。このあと別のプレゼンテーションを作成・編集するときは、PowerPointは終了せず、プレゼンテーションだけを閉じます。

操作 ファイルを閉じる

Step 1 ファイルを閉じます。

❶ [ファイル] タブをクリックします。

❷ [閉じる] をクリックします。

Step 2 ファイルが閉じました。

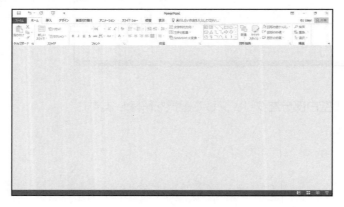

ヒント 保存確認のメッセージについて

編集したファイルを保存せずに閉じようとすると、確認のためのメッセージが表示されます。

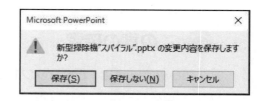

■[保存]
初めて保存する場合は、ファイル名を付けるための画面が表示されます。すでに保存されているファイルの場合は、現在付けられている名前でファイルが更新されて、プレゼンテーションが閉じられます。

■[保存しない]
ファイルを保存しないで閉じます。

■[キャンセル]
ファイルを閉じる操作そのものをキャンセルします。

操作 PowerPointを終了する

Step 1 PowerPointを終了します。

❶ [閉じる] ボタンをクリックします。

Step 2 PowerPointが終了して、Windowsのデスクトップ画面に戻りました。

第1章　PowerPointの基本操作

📶 この章の確認

- ☐ PowerPointは、どんなソフトウェアであるかが理解できていますか？
- ☐ 効果的なプレゼンテーションを作成する手順がわかりますか？
- ☐ PowerPointを起動する方法がわかりますか？
- ☐ 既存のプレゼンテーションを開くことができますか？
- ☐ PowerPointの画面の構成要素について理解できていますか？
- ☐ リボンやコマンドの利用方法を理解できていますか？
- ☐ 画面表示モードを「スライド一覧」にすることができますか？
- ☐ 画面表示モードを「標準」に戻すことができますか？
- ☐ 表示スライドを任意のスライドに切り替えることができますか？
- ☐ 文字列を選択、選択解除することができますか？
- ☐ オブジェクトやプレースホルダーを選択、選択解除することができますか？
- ☐ PowerPointを終了せずにプレゼンテーションを閉じることができますか？
- ☐ PowerPointを終了することができますか？

復習問題　問題 1-1

PowerPointは、リボンというインターフェイスで操作します。リボンのタブをクリックすれば、コマンド群を切り替えることができます。

1. PowerPointを起動しましょう。
2. ファイル「新型掃除機"スパイラル"」を開きます。
3. リボン内のボタンを［デザイン］に関連したコマンド群に切り替えましょう。
4. リボン内に表示されているコマンド群を、［ホーム］に戻しましょう。
5. ［新しいスライド］コマンドをクリックして、スライドレイアウトの一覧を表示しましょう。
6. スライドレイアウトの一覧を閉じましょう。
7. PowerPointを終了しましょう。

問題 1-2

PowerPointは、[標準]ボタンや[スライド一覧]ボタンで、画面表示モードを切り替えることができます。またスライドのサムネイルをクリックして、目的のスライドを表示させることができます。

1. [PowerPoint2016基礎]の[復習問題]フォルダーにある「復習1　容器包装リサイクルとは」を開きましょう。
2. スライド一覧表示モードに切り替えましょう。
3. 標準表示モードに切り替えましょう。
4. [次のスライド]を使って、2枚目のスライドを表示しましょう。
5. スライドのサムネイルを使って、3枚目のスライドを表示しましょう。
6. タイトルスライド（1枚目）を表示しましょう。

 問題 1-3

オブジェクト全体を選択する場合は、そのオブジェクトのプレースホルダーの枠をクリックします。

1. 引き続き、「復習1　容器包装リサイクルとは」を使って練習します。タイトルスライドの「リサイクル」という文字列を選択しましょう。
2. 文字列の選択を解除しましょう。
3. 「容器包装リサイクル制度を知る」と入力されているプレースホルダーを選択しましょう。
4. プレースホルダーの選択を解除しましょう。
5. 3枚目のスライドを表示し、イラストを選択しましょう。
6. イラストの選択を解除しましょう。
7. PowerPointを終了せずにプレゼンテーションを閉じましょう。

第2章 プレゼンテーションの作成と編集

- プレゼンテーションの作成
- スライドの追加
- プレゼンテーション構成の見直し
- スライドのデザイン設定
- 文字の書式設定
- 段落の書式設定
- プレゼンテーションの保存

プレゼンテーションの作成

プレゼンテーションを新規に作成するには、白紙から新規に作成する方法と、既成のテンプレートに手を加えて作成する方法があります。テンプレートには、すでにデザインが施されているので、作成するプレゼンテーションの目的にあったものであれば、素早く作成することができます。

プレゼンテーションの新規作成

新しくプレゼンテーションを作成します。

操作 新規にプレゼンテーションを作成する

Step 1 PowerPointを起動して、新しいプレゼンテーションを開きます。

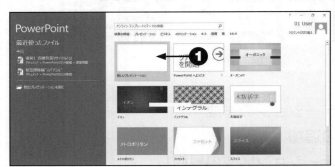

❶ PowerPointを起動します。

❷ テンプレートの一覧にある［新しいプレゼンテーション］をクリックします。

Step 2 スライドのサイズを変更します。

❶ ［デザイン］タブをクリックします。

❷ ［スライドのサイズ］ボタンをクリックします。

❸ スライドのサイズが［ワイド画面（16：9）］になっていることを確認します。

> **ヒント**
> **スライドのサイズ**
> スライドのサイズは［ワイド画面（16：9）］が既定のサイズです。既定のプレゼンテーションのスライドサイズは同様の操作で変更できます。

テンプレートからの作成

プレゼンテーションを新しく白紙の状態から作ると、配色で悩んだり、レイアウトで時間を取られてしまったりということが少なくありません。PowerPointには、ある程度のデザインやレイアウトが完成した状態からプレゼンテーションを作り始めることができる「テンプレート」と呼ぶファイルが用意されています。ただし、初期状態でパソコンにインストールされているテンプレートは種類が少なく、多様なテンプレートはインターネットを経由して提供されています。以下の説明は、インターネットにつながった環境を前提としています。

操作 テンプレートからプレゼンテーションを作成する

インターネット上に用意されているテンプレートから適切なものを選び、ダウンロードしましょう。

Step 1 [ファイル] タブをクリックします。

❶ [ファイル] タブをクリックします。

Step 2 テンプレートを検索する分野を選びます。

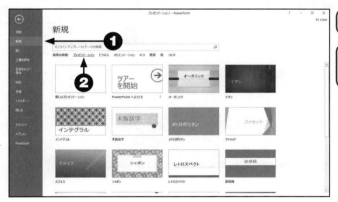

❶ [新規] をクリックします。

❷ [プレゼンテーション] をクリックします。

第 2 章　プレゼンテーションの作成と編集

Step 3 テンプレートを選びます。

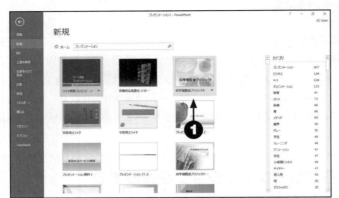

❶ テンプレートの一覧から適当な1つを選んでクリックします。

Step 4 テンプレートに基づくプレゼンテーションを作成します。

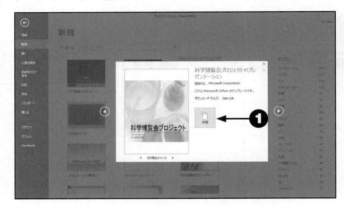

❶ [作成] をクリックします。最初に利用するときは、テンプレートファイルのダウンロードが行われます。

Step 5 テンプレートが適用されたプレゼンテーションが作成されました。

❶ 選択したテンプレートが編集可能な状態で表示されました。

Step 6 [ファイル] タブをクリックします。

Step 7 [閉じる] をクリックします。

スライドの追加

プレゼンテーションには、新しいスライドを自由に追加することができます。新たにプレゼンテーションを作成した後で、必要に応じてスライドを追加します。

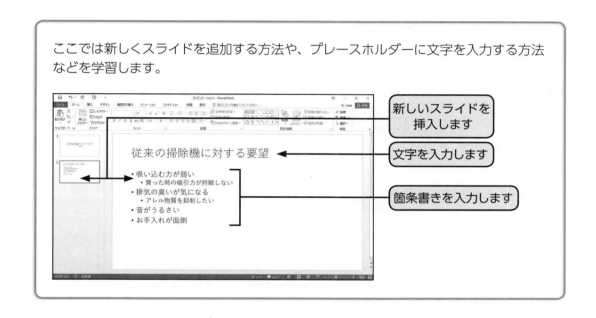

新しいスライドの挿入

プレゼンテーションに新しいスライドを挿入するには、[新しいスライド] ボタンをクリックします。[新しいスライド] ボタンは上下2つに分かれており、上半分をクリックした場合、「タイトルスライド」が選択されていれば、「タイトルとコンテンツ」が、それ以外が選択されている場合には、そのスライドと同じレイアウトのスライドが挿入されます。また下半分をクリックすると、レイアウトの一覧が表示され、その中から選択してスライドを挿入することができます。

ここでは、下半分をクリックして、レイアウトを選択してからスライドを挿入します。

新しいスライド

■スライドレイアウトの種類

スライドレイアウトとは、スライドの上に、あらかじめタイトルなどのテキストや、図やグラフなどのコンテンツを簡単に配置することができるスライドの構成のことです。ここには、11種類のスライドレイアウトが用意されています。

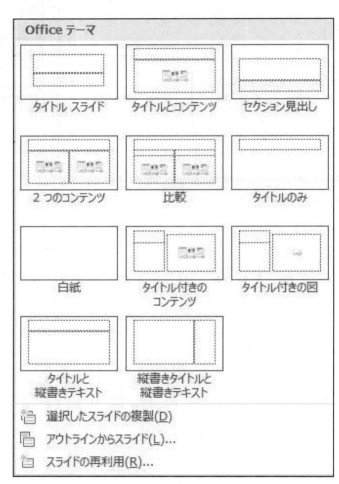

操作　新しいスライドを挿入する

新しいプレゼンテーションに2枚目のスライドを挿入します。

Step 1 新規作成したプレゼンテーションが開いていないようであれば、[ファイル]タブをクリックして、新しいプレゼンテーションを新規に開きます。

Step 2 新しいスライドを挿入します。

❶ [ホーム]タブをクリックします。

❷ [新しいスライド]ボタンの▼をクリックします。

❸ スライドレイアウトの一覧が表示されるので、[タイトルとコンテンツ]をクリックします。

Step 3 新しいスライドが挿入されました。

❶ 次の操作のため、1枚目のスライドを選択しておきます。

💡 ヒント
新しいスライド
新しいスライドは、現在表示されているスライドの後に挿入されます。

第2章　プレゼンテーションの作成と編集

プレースホルダーへの文字入力

スライドに用意されているプレースホルダーでは、あらかじめ入力する文字に設定される書式が決められています。空のプレースホルダーには、[タイトルを入力]、[テキストを入力] などと表示されています。

操作 プレースホルダーに文字を入力する

スライドにタイトルと箇条書きの文字を入力しましょう。

Step 1 タイトルに「新型掃除機"スパイラル"」と入力します。

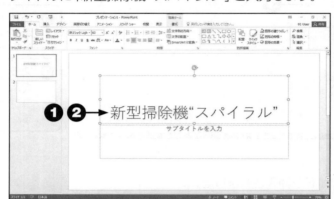

❶ [タイトルを入力] と表示されている部分をクリックします。

❷ 「新型掃除機"スパイラル"」と入力します。

Step 2 サブタイトルに「企画開発部」と入力します。

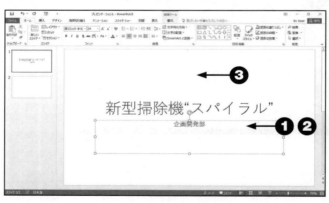

❶ [サブタイトルを入力] と表示されている部分をクリックします。

❷ 「企画開発部」と入力します。

❸ プレースホルダー以外の場所をクリックして、選択を解除しておきます。

スライドの追加

Step 3 2枚目のスライドにタイトルを入力します。

❶ 「次のスライド」またはスライドのサムネイルを使って2枚目のスライドを選択します。

❷ [タイトルを入力] と表示されている部分をクリックします。

❸ 「従来の掃除機に対する要望」と入力します。

Step 4 箇条書きを入力します。

> **ヒント**
> **段落と行の違い**
> **Enter**キーだけを押すと、段落が分かれ、次行に行頭文字が表示されます。**Shift**キーを押しながら**Enter**キーを押すと、改行はされますが、次行に行頭文字は表示されません。長い箇条書きを途中で強制改行するときなどに使用します。

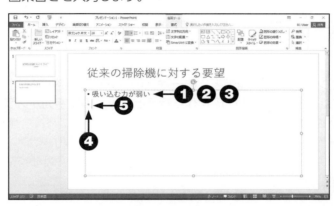

❶ [テキストを入力] と書かれたプレースホルダーをクリックします。

❷ 「吸い込む力が弱い」と入力します。

❸ **Enter**キーを押して改行します。

❹ 行頭文字が表示されます。

❺ カーソルの位置が次の行に移動したことを確認します。

Step 5 続けてほかのテキストを入力します。
・買った時の吸引力が持続しない
・排気の臭いが気になる
・アレル物質を抑制したい
・音がうるさい
・お手入れが面倒

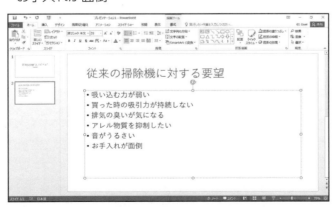

Step 6 プレースホルダーの外側をクリックしてプレースホルダーの選択を解除します。

箇条書きの編集

箇条書きは段落ごとにレベルを設定できます。大きい概念の項目には上のレベル、その下位の項目には下のレベルを設定します。箇条書きにはレベルごとに書式が決められているので、レベルを変更すると書式が変わります。

箇条書きの段落の左端を右にずらすことを「インデント」といいます。PowerPointにおいて、段落のレベルを設定することと、インデントを設定することは、同じことを意味します。インデントの設定は、[ホーム] タブにある [インデントを減らす] および [インデントを増やす] ボタンで行います。または、[表示] タブでアウトライン表示に切り替え、マウスの右クリックで現れるメニューから [レベル上げ] および [レベル下げ] を選びます。レベルとインデントの対応は次のとおりです。

レベル	上げる	下げる
インデント	減らす	増やす
段落の左端	左にずれる	右にずれる

アウトライン表示では、箇条書きの一番上のレベルの段落に対して、さらに [インデントを減らす] または [レベル上げ] の操作を行うと、段落の文字列がスライドのタイトルになった新しいスライドが作られます。

操作 箇条書きのレベルを変更する

2枚目のスライド「従来の掃除機に対する要望」の箇条書きを内容に合わせたレベルに変更しましょう。「買った時の吸引力が持続しない」「アレル物質を抑制したい」という段落は、それぞれ前の段落に含まれる内容と考えられるので、1つレベルを下げます（1つインデントを増やします）。

Step 1 箇条書き2行目の段落のレベルを1つ下げます。

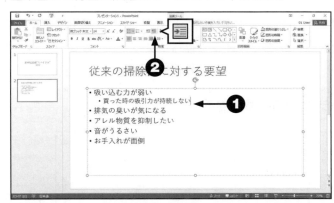

❶ 「買った時の吸引力が持続しない」の段落内をクリックします。

❷ ［インデントを増やす］ボタンをクリックします。

Step 2 同様に、4行目のレベルを1つ下げます。

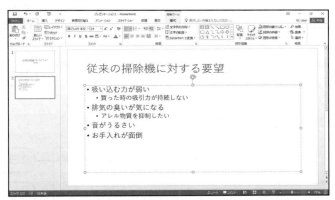

Step 3 プレースホルダーの外側をクリックして選択を解除します。

⚠ 重要　レベルを1つ上げるには

段落のレベルを上げるには、［段落］グループの［インデントを減らす］ボタンをクリックします。

インデントを減らす

第2章　プレゼンテーションの作成と編集

プレゼンテーション構成の見直し

プレゼンテーション全体を見直し、スライドの順番やデザインを変更します。プレゼンテーションの構成を見直すには、アウトライン表示やスライド一覧を使うと便利です。

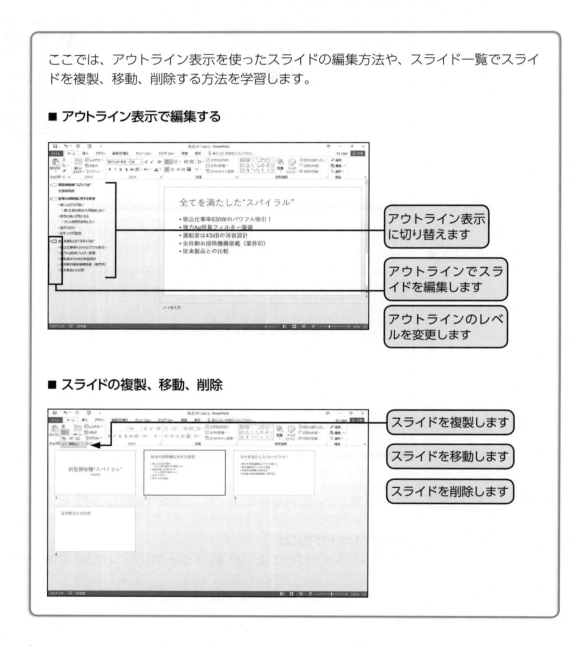

アウトライン表示での編集

アウトライン表示に切り替えると、スライドのサムネイルの代わりに、プレゼンテーションのタイトルやテキストが表示されます。プレゼンテーション全体の内容を確認しながらスライドを編集することができます。

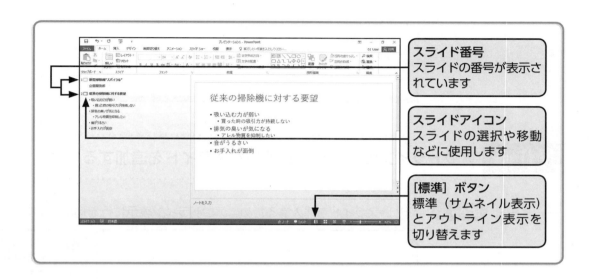

- **スライド番号**
  スライドの番号が表示されています
- **スライドアイコン**
  スライドの選択や移動などに使用します
- **[標準] ボタン**
  標準（サムネイル表示）とアウトライン表示を切り替えます

操作 ☞ アウトライン表示に切り替える

Step 1 標準（サムネイル表示）からアウトライン表示へ切り替えます。

💡 ヒント
アウトライン表示
プレゼンテーションを作成してから初めて [標準] ボタンをクリックすると、ノートペインが追加で表示されるので、もう一度 [標準] ボタンをクリックするとアウトライン表示に切り替わります。これ以降は一度のクリックで標準（サムネイル表示）とアウトライン表示を切り替えられます。

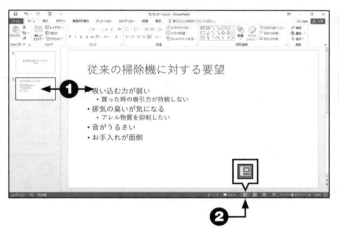

❶ 2枚目のスライドが選択されていることを確認します。

❷ [標準] ボタンを2回クリックします。

Step 2 アウトライン表示に切り替わりました。

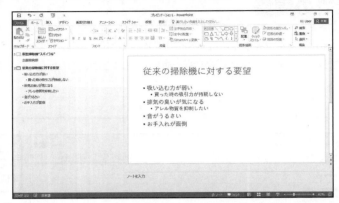

操作 👉 アウトラインのレベルを調整してスライドを追加する

Step 1 新しいスライドを挿入するため、アウトライン表示に行を追加します。

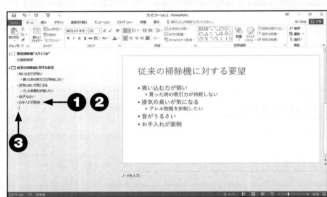

❶ アウトライン表示の「お手入れが面倒」の末尾をクリックします。

❷ **Enter**キーを押します。

❸ 行頭文字が表示されます。

Step 2 レベルを上げて、追加した行をスライドにします。

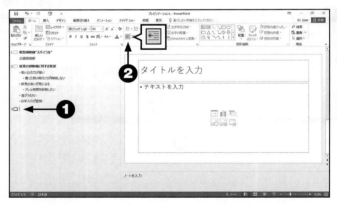

❶ カーソルがアウトライン表示の末尾にあることを確認します。

❷ [インデントを減らす]ボタンをクリックします。

Step 3 新しいスライドが追加されました。

Step 4 追加したスライドにタイトルを入力します。

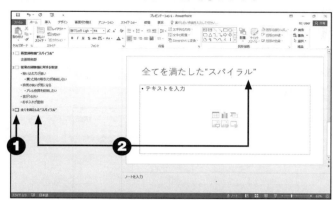

❶ カーソルがアウトライン表示の3枚目にあることを確認します。

❷ 「全てを満たした"スパイラル"」と入力します。

Step 5 もう1枚スライドを追加します。

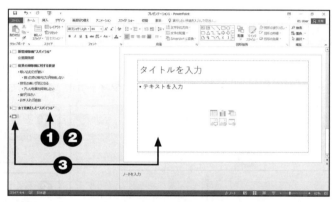

❶ カーソルがアウトライン表示の末尾にあることを確認します。

❷ Enterキーで改行します。

❸ さらにスライドが追加されます。

Step 6 4枚目のスライドを、3枚目の箇条書きに変更します。

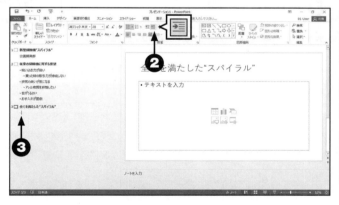

❶ カーソルがアウトライン表示の4枚目にあることを確認します。

❷ ［インデントを増やす］ボタンをクリックします。

❸ 4枚目のスライドがなくなり、カーソルが3枚目の箇条書きに変更されました。

第 2 章　プレゼンテーションの作成と編集

Step 7 続けて以下の箇条書きを入力します。

・吸込仕事率630Wのパワフル吸引！
・強力Ag脱臭フィルター装備
・運転音は43dBの消音設計
・全自動お掃除機構搭載（業界初）
・従来製品との比較

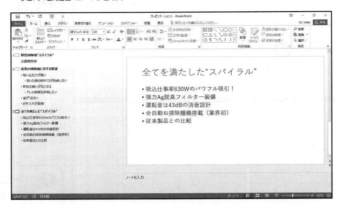

Step 8 「従来製品との比較」の行を、4枚目のスライドタイトルに変更します。

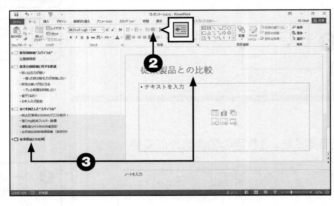

❶ アウトライン表示の「従来製品との比較」の行内にカーソルがあることを確認します。

❷ ［インデントを減らす］ボタンをクリックします。

❸ 4枚目のスライドが挿入され、「従来製品との比較」がタイトルに変更されました。

操作 標準(サムネイル表示)に切り替える

Step 1 アウトライン表示から標準(サムネイル表示)に切り替えます。

❶ [標準] ボタンをクリックします。

❷ 標準(サムネイル表示)に切り替わります。

スライドの複製・移動・削除

スライドをコピーして再利用する「スライドの複製」、スライドの順番を入れ替える「スライドの移動」、不要なスライドを削除する「スライドの削除」を学習します。

操作 スライド一覧に切り替える

スライドの複製、移動、削除の操作を行いやすくするため、プレゼンテーション全体を見やすいスライド一覧に切り替えましょう。

Step 1 スライド一覧に切り替えます。

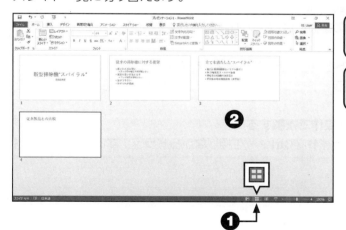

❶ [スライド一覧] ボタンをクリックします。

❷ スライド一覧表示に切り替わります。

第2章 プレゼンテーションの作成と編集

操作　スライドを複製する

Step 1　目的のスライドを選択して、[複製] コマンドを実行します。

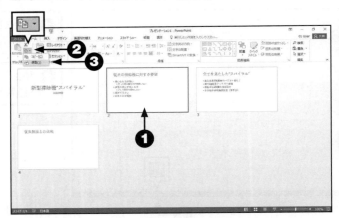

❶ 2枚目のスライドをクリックします。

❷ [コピー] ボタンの▼をクリックします。

❸ [複製] をクリックします。

Step 2　2枚目のスライドが複製されました。

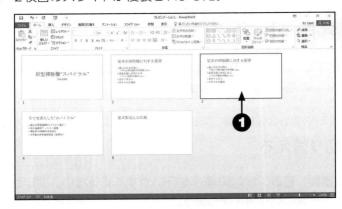

❶ 2枚目のスライドが複製されて、3枚目として挿入されます。

ヒント　ほかの複製方法
スライドの複製には以下の方法もあります。

■ スライドをコピーアンドペーストで複製する
対象のスライドをコピーしてから、目的の場所に貼り付けることでスライドを複製できます。

■ ドラッグ操作で複製する
対象のスライドを**Ctrl**キーを押しながらドラッグするとスライドを複製できます。

操作 スライドを移動する

3枚目のスライドを4枚目のスライドの後ろに移動しましょう。

Step 1 3枚目のスライドを4枚目と5枚目のスライドの間にドラッグします。

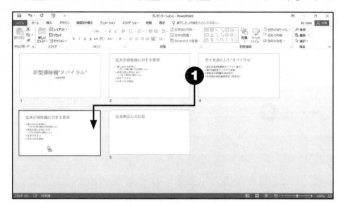

❶ 3枚目のスライドを、4枚目と5枚目の間にドラッグします。

Step 2 3枚目のスライドが4枚目に移動しました。

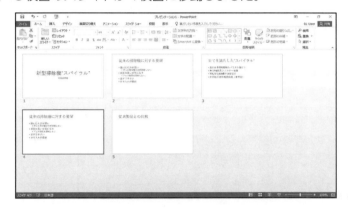

操作 スライドを削除する

4枚目のスライドを削除しましょう。

Step 1 目的のスライドを右クリックして、[スライドの削除] をクリックします。

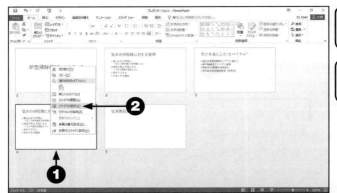

❶ 4枚目のスライドを右クリックします。

❷ [スライドの削除] をクリックします。

> 💡 **ヒント**
> **別の方法でスライドを削除する**
> 削除したいスライドが選択されていることを確認して、**Delete**キーを押すとスライドを削除することができます。

Step 2 スライドが削除されました。

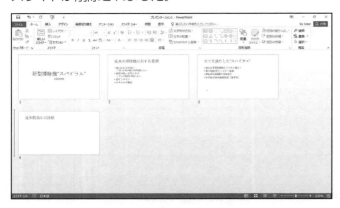

Step 3 同様に4枚目のスライドも削除します。

> 💡 **ヒント**
> **削除したスライドを元に戻すには**
> 削除してしまったスライドを元に戻すにはクイックアクセスツールバーの [元に戻す] ボタンをクリックします。

Step 4 標準（サムネイル表示）に切り替えます。

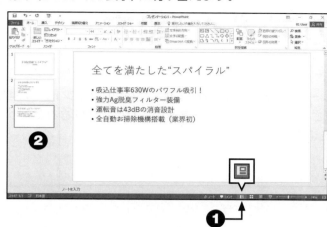

❶ [標準] ボタンをクリックします。

❷ 標準（サムネイル表示）に切り替わります。

💡 ヒント　**セクション機能**

「セクション」機能は、複数のスライドをグループ化して利用するための機能です。作成したプレゼンテーションをいくつかのセクションに区切っておくことで、セクションに属する複数スライドをまとめて非表示にしたり、セクション単位で入れ替えを行うことができる便利な機能です。詳しくは『PowerPoint 2016 応用 セミナーテキスト』で学習します。

スライドのデザイン設定

PowerPointには、プレースホルダーの位置、配色、文字のフォント、背景などを組み合わせた「テーマ」が豊富に用意されています。テーマを適用すれば、洗練されたデザインのプレゼンテーションを簡単に作成できます。

ここでは、スライドのデザインやレイアウトの変更方法を学習します。

■ テーマの適用

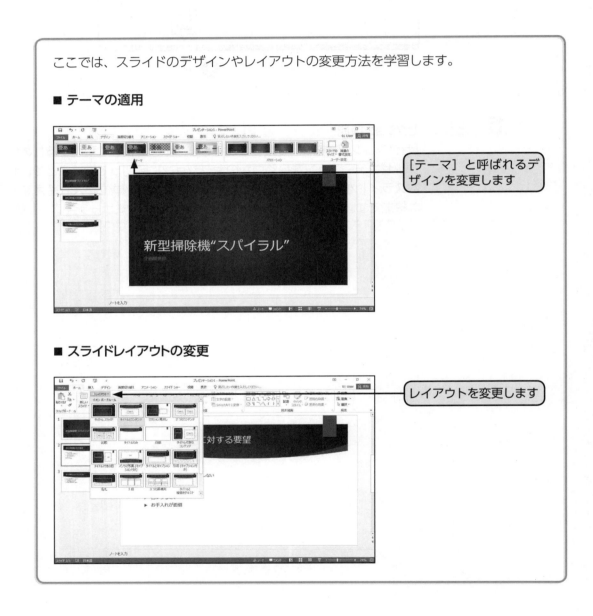

[テーマ]と呼ばれるデザインを変更します

■ スライドレイアウトの変更

レイアウトを変更します

テーマの設定

プレースホルダーの位置、配色、文字のフォント、背景などのスライドのデザインは、PowerPointに用意されているテーマを適用することで、統一的に設定できます。

操作 テーマを適用する

Step 1 テーマをプレビューします。

用語
プレビュー
プレビューとは、デザインなどを実際には適用せず、適用したイメージを一時的に表示することができる機能です。適用をキャンセルしたいときには、ポイントしたマウスポインターを外側に移動するだけで済むため、作成の手間が大幅に削減できます。

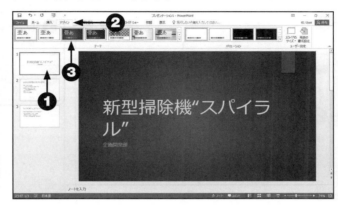

❶ スライドの1枚目を選択します。

❷ [デザイン] タブをクリックします。

❸ 表示されたテーマの一覧にある [イオン] をポイントします。

❹ プレビューにより、テーマが一時的に変わることを確認します。

Step 2 テーマを適用します。

❶ [デザイン] タブが選択されていることを確認します。

❷ [テーマ] グループの [その他] ボタンをクリックします。

❸ テーマ [ウィスプ] をポイントします。

❹ [ウィスプ] が適用されたスライドがプレビュー表示されます。

❺ [ウィスプ] をクリックします。

Step 3 テーマが適用できました。プレゼンテーション全体に対して、プレースホルダーの位置、配色、文字のフォント、背景などが変更され、プレゼンテーションのイメージが変わりました。

スライドレイアウトの変更

スライドを作成したあとに、1枚ごとにレイアウトを変更することができます。[レイアウト] ボタンを利用することで、柔軟にスライドのレイアウトを変更できます。

操作 ☞ スライドのレイアウトを変更する

Step 1 3枚目のスライドを選択します。

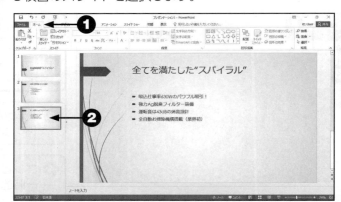

❶ [ホーム] タブをクリックします。

❷ 3枚目のスライドを選択します。

Step 2 3枚目のスライドのレイアウトを [2つのコンテンツ] に変更します。

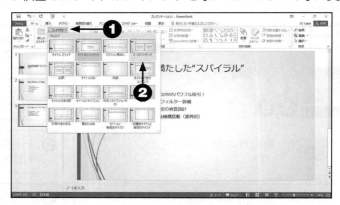

❶ [レイアウト] ボタンの▼をクリックします。

❷ 表示された一覧から、[2つのコンテンツ] をクリックします。

Step 3 プレースホルダーが左右に並んだレイアウトに変更されました。

テーマのカスタマイズ

PowerPointには何種類かのテーマが用意されていますが、一部分をカスタマイズしたいこともあります。色のバリエーション、配色、フォント、効果、背景のスタイルを個別に変更することができます。

操作 カスタマイズの結果を確認する

Step 1 [バリエーション] の変更を確認します。

用語
バリエーション
PowerPointにはテーマごとにいくつかの[バリエーション]が用意されています。バリエーションはテーマのデザインにもとづいて配色をセットにしたものです。

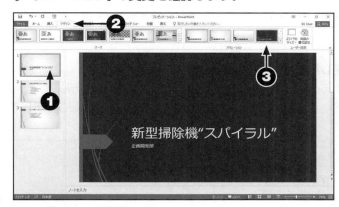

❶ 1枚目のスライドを選択します。

❷ [デザイン] タブをクリックします。

❸ [バリエーション] グループの一番右をポイントし、色のバリエーションが変更されることを確認します。

Step 2 [配色] の変更を確認します。

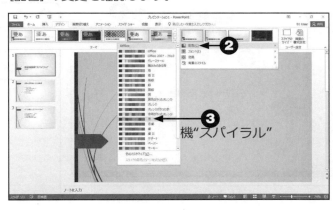

❶ [バリエーション] グループの [その他] ボタンをクリックします。

❷ [配色] をポイントします。

❸ 配色の一覧から[赤] をポイントして、プレビュー表示で配色が変更されることを確認します。

Step 3 [フォント]の変更を確認します。

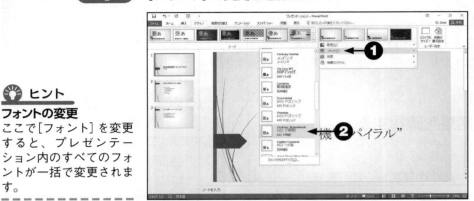

❶ [フォント]をポイントします。

❷ フォントの一覧から[MS P明朝]をポイントして、プレビュー表示でフォントが変更されることを確認します。

💡 **ヒント**
フォントの変更
ここで[フォント]を変更すると、プレゼンテーション内のすべてのフォントが一括で変更されます。

💡 **ヒント** **実際に変更した場合**
ポイントするのではなくクリックして、実際にプレゼンテーションの設定を変更した場合は、[バリエーション]を一番左に、[フォント]を[メイリオ]に設定してください。これで元に戻ります。

Step 4 スライドの背景を[スタイル2]に変更します。

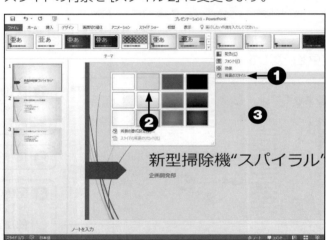

❶ [背景のスタイル]をポイントします。

❷ [スタイル2]をクリックします。

❸ スライドの背景が変更されたことを確認します。

💡 **ヒント**
背景のスタイルの変更
テーマによっては、スライドレイアウトの種類によって異なる背景が設定されていますが、背景スタイルの変更はすべてのスライドレイアウトに対して適用されます。

文字の書式設定

文字の大きさ、色、書体などは、必要に応じて変更することができます。プレゼンテーションの内容に合わせて文字の書式を設定すると、重要な部分を強調したり、バランスを調整したりできるので、内容を的確に伝えるために役立ちます。

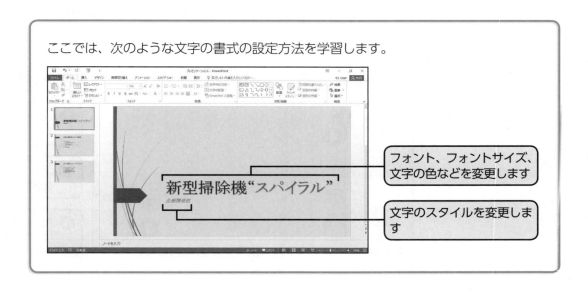

ここでは、次のような文字の書式の設定方法を学習します。

- フォント、フォントサイズ、文字の色などを変更します
- 文字のスタイルを変更します

フォントの変更

文字の書体のことを「フォント」といいます。日本語フォントの種類としては、ゴシック体や明朝体などがあります。[フォント] ボックスの一覧には、フォント名が実際のフォントで表示されます。また、プレビュー機能によって適用後のイメージを確認しながらフォントを選択することができます。

操作 フォントを変更する

タイトルのフォントを [メイリオ] から [MS P明朝] に変更しましょう。

Step 1 タイトルのフォントを変更します。

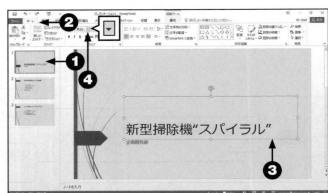

❶ 1枚目のスライドを選択します。

❷ [ホーム] タブをクリックします。

❸ タイトルのプレースホルダーを選択します。

❹ [フォント] ボックスの▼をクリックします。

Step 2 タイトルのフォントを [MS P明朝] に変更します。

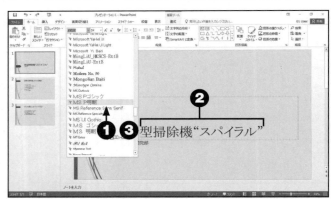

❶ [MS P明朝] をポイントします。

❷ プレビューによって、タイトルフォントが一時的に変わることを確認します。

❸ [MS P明朝] をクリックします。

Step 3 部署名 (企画開発部) のフォントも同様に [MS P明朝] に変更します。

> **ヒント　MSゴシック(MS明朝)とMS Pゴシック(MS P明朝)について**
>
> フォント名に「P」の付くフォントは、[プロポーショナルフォント] といい、文字ごとに異なる幅が設定されています。「o」や「w」のような文字は幅が広く、「i」や「l」のような文字は幅が狭くなっていて、文字間隔も自動的に調整されます。変更前のフォントの [メイリオ] もプロポーショナルフォントです。
> とくに英文字が多く含まれる文字列や文章に適用すると、バランスのとれた美しいプレゼンテーションを作成することができます。
>
> 「PowerPoint」はマイクロソフト社の製品です。 ── MS Pゴシック
> 「PowerPoint」はマイクロソフト社の製品です。── MS ゴシック

文字の大きさの変更

文字の大きさのことを「フォントサイズ」といいます。フォントサイズを変更して、スライドのバランスを整えたり、目立たせたい文字を大きくしたりすることで、見やすいスライドを作成できます。

> **ヒント　フォントサイズの単位**
> フォントサイズは、ポイント(pt)という単位を使います。1ポイントは約0.35 mmです。

操作☞ フォントサイズを変更する

タイトルのフォントサイズを66ポイントにしましょう。また、部署名(企画開発部)のフォントサイズを一段階大きくしましょう。

Step 1 タイトルのフォントサイズを変更します。

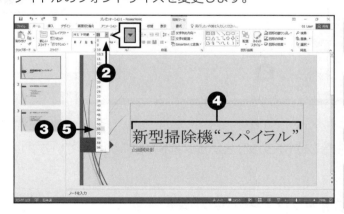

❶ タイトルのプレースホルダーを選択します。

❷ [フォントサイズ] ボックスの▼をクリックします。

❸ [66] をポイントします。

❹ プレビューによって、フォントサイズが一時的に変わることを確認します。

❺ [66] をクリックします。

第2章　プレゼンテーションの作成と編集　55

Step 2 部署名（企画開発部）のフォントサイズを変更します。

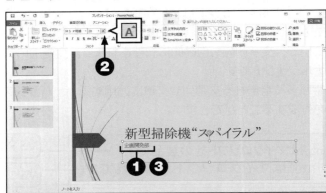

❶ 部署名が入力されているプレースホルダーを選択します。

❷ ［フォントサイズの拡大］ボタンをクリックします。

❸ フォントサイズが20に拡大したことを確認します。

文字のスタイルの変更

文字のスタイルを変更すると、強調したい箇所など、特定の文字を目立たせることができます。

操作 👉 文字を斜体にする

1枚目のスライドの部署名の文字を斜体にしましょう。また、1枚目のスライドのタイトルが目立つように、タイトルに影を付けましょう。

Step 1 部署名が入力されているプレースホルダーを選択します。

Step 2 部署名を斜体にします。

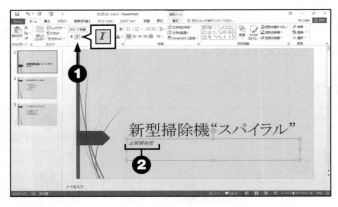

❶ ［斜体］ボタンをクリックします。

❷ 文字が斜体になったことを確認します。

Step 3 「新型掃除機"スパイラル"」というタイトルが入力されているプレースホルダーを選択します。

Step 4 ［文字の影］ボタン S をクリックします。

Step 5 タイトルに影の書式が設定されたことを確認します。

> **ヒント　スタイルを解除するには**
> スタイルを解除したい文字またはプレースホルダーを選択すると[フォント]グループの[太字]や[斜体]などのボタンが選択された状態になります。該当するボタンをクリックするとスタイルを解除することができます。

文字の色の変更

文字色を変えると、文字がより強調され、変化をつけることができます。テーマを適用すると、自動的に文字の色が設定されますが、自分の好みに応じて変更することもできます。ここでは[フォントの色]ボタンを使う方法とミニツールバーを使う方法の2つを紹介します。

操作　文字の色を変更する

部署名の文字の色を[オリーブ、アクセント5、黒+基本色25%]にします。また、タイトルのうち、「スパイラル」の部分だけ、ミニツールバーを使って文字の色を[茶、テキスト2]に設定しましょう。

Step 1 部署名が入力されているプレースホルダーを選択します。

Step 2 フォントの色を変更します。

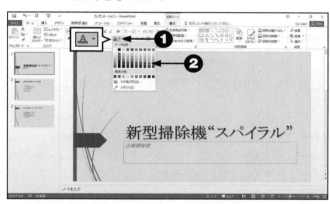

❶ [フォントの色]ボタンの▼をクリックします。

❷ [オリーブ、アクセント5、黒+基本色25%]（上から5番目右から2番目）をクリックします。

Step 3 タイトルにある「スパイラル」を選択します。

❶ 「スパイラル」をドラッグして範囲選択します。

❷ その付近でマウスポインターを動かすとミニツールバーが表示されます。

Step 4 ミニツールバーを使って文字の色を変更します。

ヒント
プレビューで色を事前に確認する
フォントの色を変更する際にも、プレビュー機能が利用できます。

❶ ミニツールバーにある［フォントの色］ボタンの▼をクリックします。

❷ ［テーマの色］の［茶、テキスト2］（左から4番目）をクリックします。

Step 5 範囲選択した「スパイラル」だけ、文字の色が変わりました。

用語　ミニツールバー
ミニツールバーは自動的に表示されるツールバーです。テキストなどを選択すると表示され、これをポイントすると利用できるようになります。よく利用するコマンドが並んでいて、プレビューも利用できます。

段落の書式設定

文字列の配置、行間隔、インデントなど、段落単位で設定される書式を「段落書式」といいます。段落書式を設定するには、まず、書式を設定したい段落を範囲選択します。段落書式の設定には、主に [段落] グループのコマンドを使います。

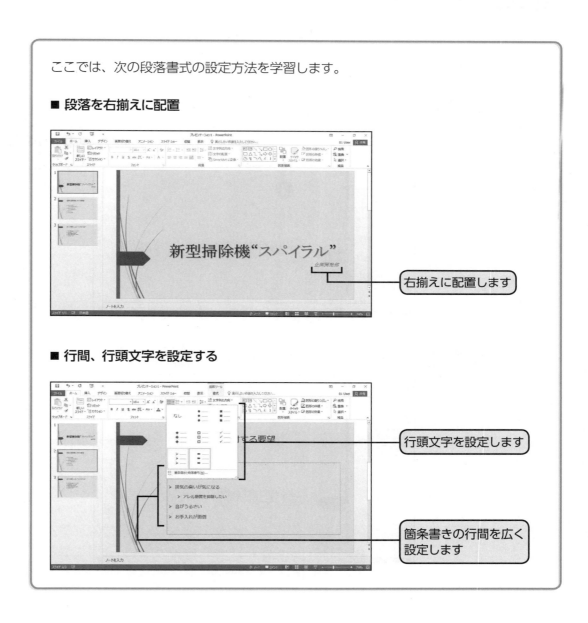

段落の配置の変更

入力した文字はスライドやプレースホルダーの中央や右端にも配置することができます。配置を変更した後で、文字の追加や削除を行っても、設定した配置が保たれます。段落の配置には、左揃え、中央揃え、右揃え、均等割り付けなどがあります。テーマを適用すると、自動的に段落の配置が設定されます。

操作 右揃えに変更する

1枚目のスライドの部署名を右揃えにしましょう。

Step 1 部署名が入力されたプレースホルダーを選択します。

Step 2 部署名を右揃えにします。

❶［右揃え］ボタンをクリックします。

Step 3 部署名が右揃えに変更されました。

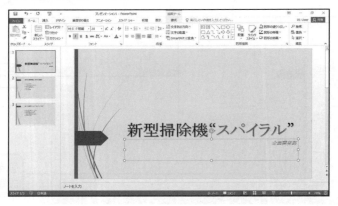

60　段落の書式設定

行間の変更

行と行の間隔のことを「行間」といいます。箇条書きを使用している場合、行間を調整するとバランスが良くなります。箇条書きの項目が少ない場合などに利用すると便利です。

操作 箇条書きの行間を変更する

2枚目のスライドの箇条書き部分の段落を、行間[1.5]に変更しましょう。

Step 1 2枚目のスライドを表示して、箇条書きのプレースホルダーを選択します。

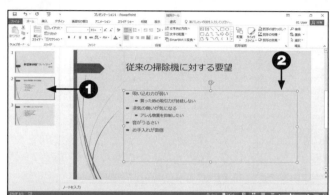

❶ 2枚目のスライドをクリックします。

❷ 箇条書きのプレースホルダーを選択します。

Step 2 箇条書きの行間を変更します。

❶ [行間]ボタンをクリックします。

❷ [1.5]をクリックします。

Step 3 行間が広くなったことを確認します。

行頭文字の変更

行頭文字は段落ごとに異なるものを設定することができます。行頭文字にはさまざまな種類があり、デザインに変化をつける場合などに利用します。

操作 ☞ 行頭文字を変更する

2枚目のスライドの箇条書きの行頭文字を変更しましょう。

Step 1 箇条書きが選択されていることを確認します。

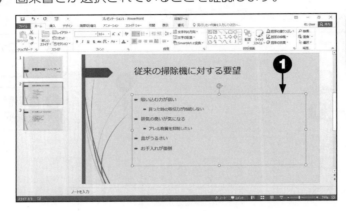

❶ 2枚目のスライドにある箇条書きのプレースホルダーが選択されていることを確認します。

Step 2 行頭文字を変更します。

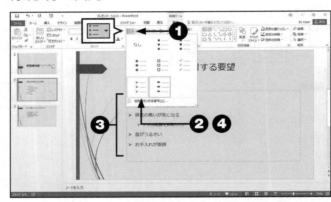

❶ [箇条書き] ボタンの▼をクリックします。

❷ [矢印の行頭文字] をポイントします。

❸ プレビューによって、行頭文字が一時的に変わることを確認します。

❹ [矢印の行頭文字] をクリックします。

ヒント
プレビューで行頭文字を事前に確認する
行頭文字を変更する際にも、プレビュー機能を利用できます。

Step 3 行頭文字が変更されたことを確認します。

ヒント　行頭文字の段落別設定
箇条書きの行頭文字を段落ごとに異なるものに設定することもできます。設定するには、対象の段落内にカーソルを挿入して、行頭文字を設定します。

プレゼンテーションの保存

作成したプレゼンテーションは、ファイルとして保存します。保存せずにPowerPointを終了すると、作成したプレゼンテーションは失われます。
プレゼンテーションの保存には、次の2つの方法があります。

■ ファイルの保存

コマンド名	内容
名前を付けて保存 [名前を付けて保存]	新しく作成したプレゼンテーションに名前を付けて保存します。または、既存のプレゼンテーションに別の名前を付けて、新しいファイルとして保存します。
上書き保存 [上書き保存]	既存のプレゼンテーションへの変更を保存して最新の状態に更新します。新しく作成したプレゼンテーション（名前のないファイル）で、このコマンドを選択すると、[名前を付けて保存]が表示されます。

🛈 重要　ファイル名の付け方

ファイル名には、ファイルの内容を示すような、わかりやすい名前を付けましょう。なお、次の半角記号は使用できません。

/	スラッシュ	*	アスタリスク	|	縦棒
¥	円記号	?	疑問符	:	コロン
<>	不等号	"	ダブルクォーテーション		

🛈 重要　拡張子

ファイルには、ファイル名のあとに拡張子が付きます。拡張子はファイルの種類を識別するためのもので、PowerPointのプレゼンテーションの拡張子は「.pptx」です。拡張子は保存時に自動的に付きますが、Windowsの初期設定で表示されないようになっているため、通常はアイコンの形でPowerPointのファイルを識別します。

操作 プレゼンテーションに名前を付けて保存する

作成したプレゼンテーションに「新型掃除機"スパイラル"」という名前を付けて保存しましょう。

Step 1 [名前を付けて保存] ダイアログボックスを開きます。

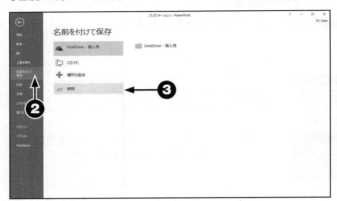

❶ [ファイル] タブをクリックします。

❷ [名前を付けて保存] をクリックします。

❸ [参照] をクリックします。

Step 2 [PowerPoint2016基礎] フォルダーを指定します。

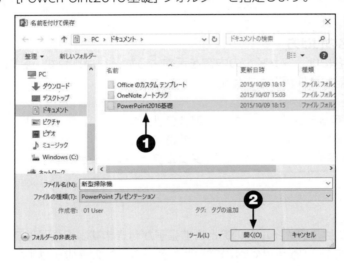

❶ [ファイルを保存するためのダイアログボックスが開くので、[PowerPoint2016基礎] フォルダーをクリックします。

❷ [開く] をクリックします。

Step 3 [保存用] フォルダーを指定します。

❶ [保存用] をクリックします。

❷ [開く] をクリックします。

Step 4 ファイル名を付けて保存します。

💡 **ヒント**
表示されるファイル名の変更
[ファイル名] ボックスには、プレゼンテーションのタイトルが自動的に表示されますが、自由に変更することが可能です。

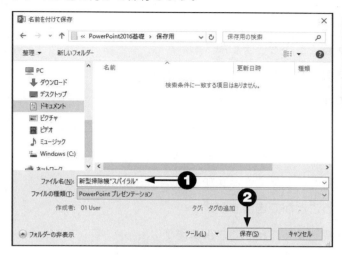

❶ [ファイル名] ボックスに「新型掃除機"スパイラル"」と入力します。

❷ [保存] をクリックします。

💡 **ヒント** **新規プレゼンテーションの保存先**
特に指定しない限り、PowerPointで新規作成したプレゼンテーションは、[ドキュメント] フォルダーに保存されます。

💡 **ヒント** **ファイルの種類**
PowerPointはいろいろなファイル形式で保存することができます。ファイルを開くとすぐにスライドショーが始まり、すぐにプレゼンテーションを行うことができる形式や、以前のバージョンのPowerPointと互換の形式も用意されています。

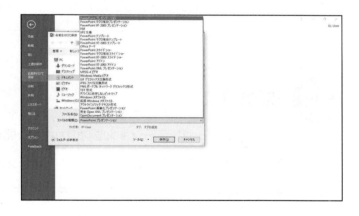

第2章 プレゼンテーションの作成と編集

この章の確認

- ☐ 新しいスライドを挿入することができますか？
- ☐ プレースホルダーに箇条書きを入力することができますか？
- ☐ 箇条書きのレベルを変更することができますか？
- ☐ アウトライン表示を使ってプレゼンテーションを編集することができますか？
- ☐ スライドを複製・移動・削除することができますか？
- ☐ スライドのテーマを変更することができますか？
- ☐ プレビュー機能を利用することができますか？
- ☐ スライドのレイアウトを変更することができますか？
- ☐ スライドの背景を変更することができますか？
- ☐ 文字に書式（フォント、フォントサイズ、文字色など）を設定することができますか？
- ☐ 段落の配置（中央揃え、右揃えなど）を設定できますか？
- ☐ 行間を変更することができますか？
- ☐ 行頭文字を変更することができますか？
- ☐ 作成したプレゼンテーションに名前を付けて保存することができますか？

問題 2-1

1. 「復習2-1　プレゼンテーション成功のカギ」を開きましょう。
2. PowerPointを終了せずに、「復習2-1　プレゼンテーション成功のカギ」を閉じましょう。
3. 新規に［新しいプレゼンテーション］を作成して、スライドのサイズを［標準（4：3）］にしましょう。
4. タイトルに、「容器包装リサイクル制度を知る」と入力しましょう。
5. サブタイトルに、「リサイクル推進室」と入力しましょう。
6. プレゼンテーションに、「復習2-1　容器包装リサイクルとは（完成）」という名前を付けて保存しましょう。保存先は［保存用］フォルダーとします。

問題 2-2

1. 「復習2-2　容器包装リサイクルとは」を開きましょう。
2. ［新しいスライド］から［タイトルとコンテンツ］を選択し、新規にスライドを追加しましょう。
3. 新しく追加されたスライドのタイトルに、「容器包装リサイクルの背景」と入力しましょう。

4. 新しく追加されたスライドに、次の箇条書きを入力しましょう。
   - 「大量生産・大量消費・大量破棄」が原因で制定
   - 廃棄物を埋め立てる場所が足りなくなった
   - 特に割合の多い容器包装のリサイクルが急務

5. [新しいスライド]ボタンをクリックして、新規にスライドを追加しましょう。

6. 新しく追加されたスライドのタイトルに、「容器包装リサイクル法の仕組み」と入力しましょう。

7. 新しく追加されたスライドに、次の箇条書きを入力しましょう。
   - 消費者の役割「分別排出」
   - 市町村が定めるルールに従って分別して排出
   - 市町村の役割「分別収集」
   - 排出されたごみを収集し、リサイクル業者に渡す
   - 事業者の役割「リサイクル」
   - 容器包装リサイクル法に基づきリサイクルを行う

8. 次の箇条書きのレベルを1つ下げましょう。
   - 市町村が定めるルールに従って分別して排出
   - 排出されたごみを収集し、リサイクル業者に渡す
   - 容器包装リサイクル法に基づきリサイクルを行う

9. 標準（サムネイル表示）をアウトライン表示に切り替えましょう。

10. 「容器包装リサイクル法に基づきリサイクルを行う」の下に、「3R推進マイスター制度について」と入力しましょう。

11. 「3R推進マイスター制度について」のレベルを2つ上げて、スライドを追加しましょう。

12. アウトライン表示を標準（サムネイル表示）に切り替えましょう。

13. [保存用]フォルダーに、「復習2-2　容器包装リサイクルとは（完成）」という名前で保存しましょう。

完成例

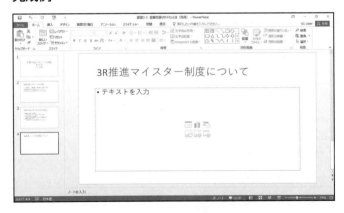

問題 2-3

1. 「復習2-3　容器包装リサイクルとは」を開きましょう。
2. スライド一覧に切り替えましょう。
3. 2枚目のスライドを複製しましょう。
4. 複製したスライドを4枚目と5枚目の間に移動しましょう。
5. 4枚目のスライドを削除しましょう。
6. 標準（サムネイル表示）に切り替えましょう。
7. スライドのデザインとして、テーマ［レトロスペクト］をプレビューしましょう。
8. スライドに、テーマ［オーガニック］を設定しましょう。
9. 4枚目のスライドのレイアウトを、［2つのコンテンツ］に変更しましょう。
10. スライドの背景を、［スタイル6］に変更しましょう。
11. 1枚目のスライドのタイトルに、フォント［ＭＳ　Ｐ明朝］、フォントサイズ［48］の書式を適用しましょう。
12. 1枚目のスライドのサブタイトルに、［斜体］、［文字の影］、フォントの色［濃い青］の書式を適用しましょう。
13. 1枚目のスライドのサブタイトルに、［右揃え］の段落書式を適用しましょう。
14. 2枚目のスライドの箇条書きに、行間［1.5］の段落書式を適用しましょう。
15. 2枚目のスライドの箇条書きに、［■］の行頭文字を適用しましょう。
16. ［保存用］フォルダーに、「復習2-3　容器包装リサイクルとは（完成）」という名前で保存しましょう。

完成例

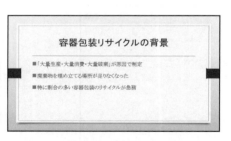
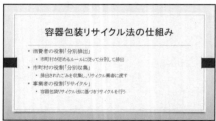

第3章 図解の作成

■ 図解のポイント
■ SmartArtグラフィックの作成
■ 図形の作成

図解のポイント

スライドに図表や図形などの図解を挿入することで、より説得力のあるプレゼンテーションを作成することができます。

図解とは、文字だけでは伝わりにくい情報を、複数の図形と文字を組み合わせて視覚的に伝える手法や表現方法のことです。情報を図解して相手に伝えるには、やみくもに図形を並べればよいわけではありません。ここでは、図解するときの注意点やポイントを学習します。

■**適切な図形の種類を選択する**
図解では複数の図形を使って伝えたい情報を表現します。この時に、同じ形状の図形を多用するのではなく、適切な図形の種類を選択することで、情報が持つイメージを正しく伝えることができます。

■**図形を整列し、効果的なスタイルを適用する**
複数の図形を組み合わせた図解の場合、これらの図形をきちんと配置することで、見た目にも美しく、かつ情報を正確に伝えることができます。配置がバラバラであったり、関連性を示す線や矢印などが正しく引けていないと、正しい情報を伝えることができませんし、雑な印象を与えてしまいます。
また図形に色を塗るときは、グラデーションや立体感などの効果を上手につけると、より魅力ある仕上がりになります。

【図形の種類や配置に気を配らないで図解した例】

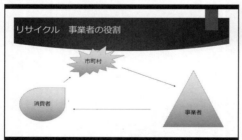

【図形の種類や配置に気を配って図解した例】

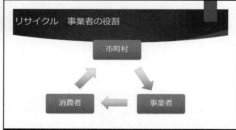

■視線の移動順序を考慮する

図形を配置するときは、視線を移動してほしい順序にも気を配る必要があります。例えば、横書きのスライドで4つのブロックがある場合、最初に読んでほしいブロックを左上に置くのが一般的です。また、読み進める順序をコの字や逆N字よりもZ字形にした方が、自然に視線を動かすことができます。

【コの字型に読み進めるよう配置した例】　【Z字形に読み進めるように配置した例】

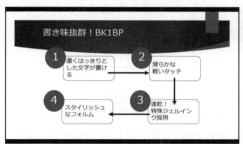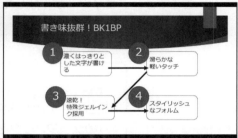

SmartArtグラフィックの作成

PowerPointで図形を描くためには、「SmartArtグラフィック」機能を利用するのが便利です。階層構造や手順を示すための複雑な図を、わずかな作業でスライドに挿入することができます。
ここでは、デザイナーが作成したような美しい図表を作成することができるSmartArtグラフィック機能の利用方法を学習します。

SmartArtグラフィックを使うと、あらかじめ用意された、リストや階層構造などのカテゴリーの中から図形パターンを選択するだけで、下図のようなきれいなテキスト入りのグラフィックを簡単に作成できます。この機能は、Word、Excelなどに共通で用意されているものです。

■SmartArtグラフィックを描く
SmartArtグラフィックを描くには、SmartArtグラフィックを新規に挿入する方法のほかに、箇条書きからSmartArtグラフィックに変換する方法が用意されています。

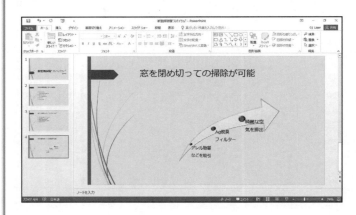

■箇条書きをSmartArtグラフィックに変換する

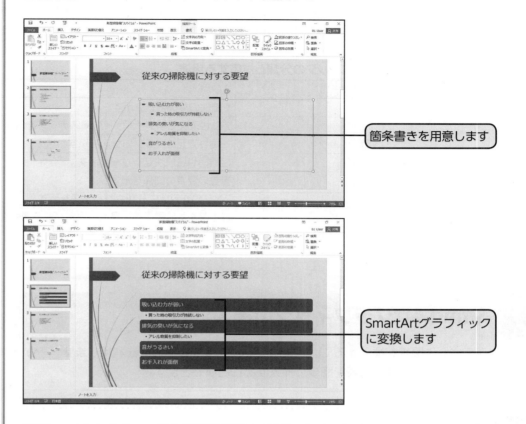

箇条書きを用意します

SmartArtグラフィックに変換します

■[SmartArtグラフィックの選択]ダイアログボックスについて

コンテンツプレースホルダー内にある[SmartArtグラフィックの挿入]を選択すると、[SmartArtグラフィックの選択]ダイアログボックスが表示されます。[SmartArtグラフィックの選択]ダイアログボックスの左側にあるカテゴリーを選択すると、その内容に沿ったSmartArtグラフィックがダイアログボックス内の中央に一覧で表示されます。一覧に表示されたSmartArtグラフィックをクリックすると、選択したSmartArtグラフィックの説明文が右側に表示され、[OK]ボタンをクリックすることでSmartArtグラフィックをスライドに挿入することができます。

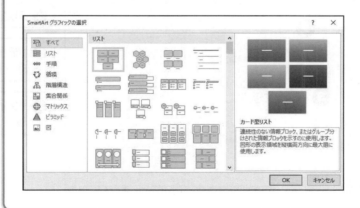

第3章 図解の作成

SmartArtグラフィックにはさまざまな種類があり、いくつかに分類されています。SmartArtグラフィックを作成するときは、そのデータを表示するのに最も適した種類がどれかをよく検討しましょう。グラフィックの種類は作成後でも変更できるので、いくつかのグラフィックを試してみるとよいでしょう。

■ グラフィックの分類と対応する用途

カテゴリー	主な用途
リスト	連続性のない情報を示す
手順	プロセスまたはタイムラインのステップを示す
循環	一周して元に戻るプロセスを示す
階層構造	組織図や意思決定ツリーを示す
集合関係	複数の要素の関係を示す
マトリックス	2×2の4領域に分類される関係を示す
ピラミッド	最上部または最下部に最大の要素がある関係を示す
図	画像と図を組み合わせて示す

SmartArtグラフィックの挿入

スライドに図表を挿入するには、SmartArtグラフィック機能を利用します。一から作るのが大変な、グラフィカルでわかりやすい図表を簡単に挿入することができます。

操作 SmartArtグラフィックを選択する

Step 1 ［保存用］フォルダーにあるプレゼンテーション「新型掃除機"スパイラル"」を開きます。本章から学習を開始する場合は、［PowerPoint2016基礎］フォルダーにある「3章_新型掃除機"スパイラル"」を開きます。

Step 2 新しいスライドを挿入します。

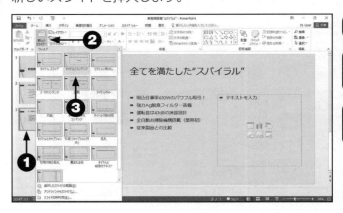

❶ 3枚目のスライドを選択します。

❷ ［新しいスライド］ボタンの▼をクリックします。

❸ ［タイトルとコンテンツ］をクリックします。

Step 3 タイトルを入力します。

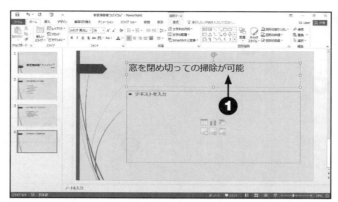

❶ タイトルに「窓を閉め切っての掃除が可能」と入力します。

Step 4 [SmartArtグラフィックの挿入] をクリックします。

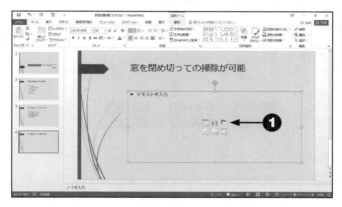

❶ プレースホルダー内の [SmartArtグラフィックの挿入] をクリックします。

Step 5 [SmartArtグラフィックの選択] ダイアログボックスが表示されます。

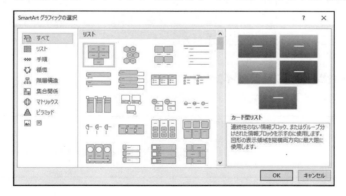

Step 6 カテゴリーを選択し、挿入するSmartArtグラフィックを選択します。

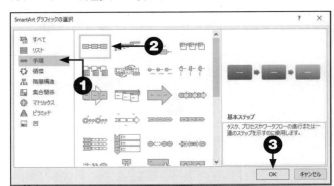

❶ 左側のカテゴリーから[手順]をクリックします。

❷ [基本ステップ]をクリックします。

❸ [OK]をクリックします。

Step 7 SmartArtグラフィックが挿入されました。

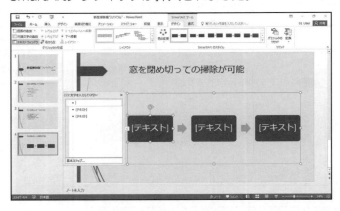

💡 ヒント　一度作成したSmartArtのスタイルの変更

すでに作成したSmartArtのスタイルは、いつでも変更できます。変更するには[SmartArtツール]の[デザイン]タブと[書式]タブを利用します。なお、これらのタブは、SmartArtが選択されていないと表示されません。

[SmartArtツール]の[デザイン]タブ
SmartArtのレイアウトやスタイルを変更できます。

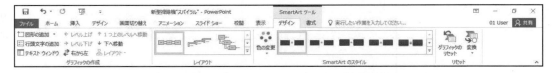

[SmartArtツール]の[書式]タブ
SmartArtの枠線や文字のスタイルを変更できます。

SmartArtグラフィックへの文字の挿入

SmartArtグラフィックに文字を挿入するには、テキストウィンドウを利用します。このウィンドウ内に文字を入力すると、SmartArtグラフィック内に反映されます。文字の大きさや文字列の折り返しについても自動的に調整されるので、簡単に文字を挿入することができます。またテキストウィンドウの行数に応じて、図形を増やしたり減らしたりすることができます。

操作 SmartArtグラフィックへの文字の挿入

Step 1 SmartArtグラフィックに文字を挿入します。

> **ヒント**
> **テキストウィンドウを表示するには**
> テキストウィンドウが表示されていないときは、[SmartArtツール] [デザイン] タブの [テキストウィンドウ] ボタンをクリックすると、ウィンドウが表示されます。

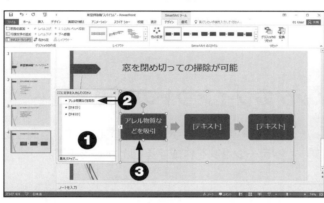

❶ テキストウィンドウが表示されていることを確認します。

❷ 1行目に「アレル物質などを吸引」を入力します。

❸ 入力した文字が一番左の枠内に反映されます。

Step 2 同様に、2行目と3行目にも文字を入力します。

❶ 同様に残りの [テキスト] に対して、以下の2行を入力します。
・Ag脱臭フィルター
・綺麗な空気を排出

第3章 図解の作成

Step 3 [テキストウィンドウ] を閉じます。

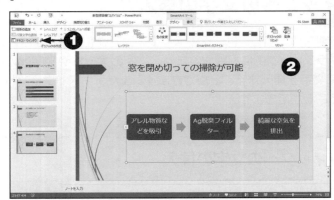

① [テキストウィンドウ] ボタンをクリックします。

② SmartArtグラフィックの外側でクリックします。

Step 4 SmartArtグラフィックの選択が解除されました。

SmartArtグラフィックのレイアウトの変更

SmartArtグラフィックには、たくさんのレイアウトが登録されています。目的にあったレイアウトを選択することで、よりわかりやすいプレゼンテーションを作成することができます。

操作 SmartArtグラフィックのレイアウトを変更する

SmartArtグラフィックのレイアウトを [上向き矢印] に変更します。

Step 1 SmartArtグラフィックのレイアウトの一覧を表示します。

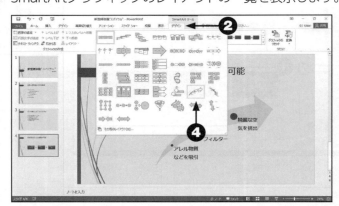

💡 **ヒント**
プレビューでレイアウトを確認する
SmartArtグラフィックのレイアウトを決める際も、プレビュー機能を使うことができます。マウスでポイントするだけで、一時的にレイアウトが変更されます。

① SmartArtグラフィックの図形内でクリックし、SmartArtグラフィックを選択します。

② [SmartArtツール] の [デザイン] タブが選択されていることを確認します。

③ [レイアウト] グループの [その他] ボタンをクリックします。

④ [上向き矢印] をクリックします。

Step 2 SmartArtグラフィックの選択を解除します。

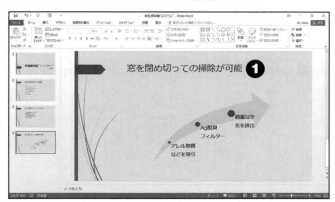

❶ SmartArtグラフィックの枠の外でクリックします。

❷ SmartArtグラフィックの選択が解除されます。

Step 3 SmartArtグラフィックのレイアウトが変更されました。

SmartArtグラフィックのスタイルの変更

SmartArtグラフィックのスタイルとは、図表の種類を変えることなく、色や質感を簡単に変更することができる機能です。スタイルには、たくさんの色を使ったカラフルなものや、影や3D効果を加えた立体的なものまで、幅広く用意されています。

操作 SmartArtグラフィックのスタイルを変更する

SmartArtグラフィックのスタイルを [メタリック] に変更します。

Step 1 SmartArtグラフィックのスタイルの一覧を表示し、スタイルを変更します。

 ヒント
プレビューでスタイルを確認する
SmartArtのスタイルを決める際も、プレビュー機能を使うことができます。マウスでポイントするだけで、一時的にスタイルが変更されます。

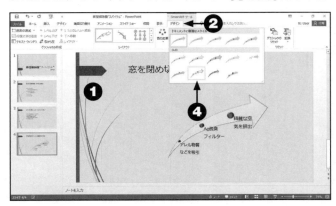

❶ SmartArtグラフィックの図形内でクリックし、SmartArtグラフィックを選択します。

❷ [SmartArtツール] の [デザイン] タブが選択されていることを確認します。

❸ [SmartArtのスタイル] グループの [その他] ボタンをクリックします。

❹ [メタリック] をクリックします。

第3章 図解の作成 **79**

Step 2 SmartArtグラフィックの選択を解除します。

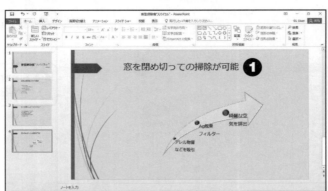

① SmartArtグラフィックの枠の外でクリックします。

② SmartArtグラフィックの選択が解除されます。

Step 3 SmartArtグラフィックのスタイルが変更されました。

❶ 重 要　変更したSmartArtグラフィックのスタイル設定を元に戻すには

変更したスタイルを元の状態に戻したいときには、[グラフィックのリセット] ボタンを利用します。[グラフィックのリセット] ボタンをクリックすると、選択されているSmartArtグラフィックに適用されている設定が取り消され、SmartArtグラフィックに登録されている初期のスタイルに戻すことができます。

グラフィックのリセット

SmartArtグラフィックへの変換

プレゼンテーションには、箇条書きが含まれていることがよくあります。箇条書きのテキストをSmartArtグラフィックに変換して、メッセージをより視覚的に表現することができます。

操作 箇条書きをSmartArtグラフィックに変換する

Step 1 2枚目のスライド内にある箇条書きを選択します。

❶ 2枚目のスライドを選択します。

❷ 箇条書きのプレースホルダーを選択します。

❸ 箇条書きに枠が表示されます。

Step 2 箇条書きをSmartArtグラフィックに変換します。

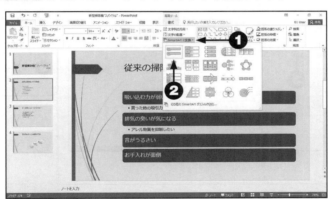

❶ ［ホーム］タブの［SmartArtに変換］ボタンをクリックします。

❷ ［縦方向箇条書きリスト］をクリックします。

Step 3 SmartArtグラフィックに変換されました。

第3章 図解の作成

図形の作成

「図形」とは、円や四角形のような基本図形や、さまざまな線、ブロック矢印などのことです。SmartArtグラフィックを使わず、図形を組み合わせて図解することもできます。図形を組み合わせることで、さまざまな情報を自由に表現することができます。

図形の挿入

スライドに図形を挿入します。

操作 図形を挿入する

5枚目のスライドを作成し、楕円を描きましょう。

Step 1 図形を挿入するスライドを用意します。

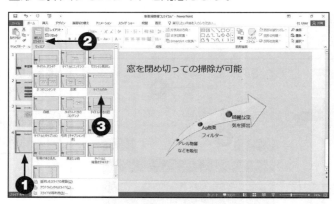

❶ 4枚目のスライドを選択します。

❷ [新しいスライド] ボタンの▼をクリックします。

❸ [タイトルのみ] をクリックします。

Step 2 タイトルを入力します。

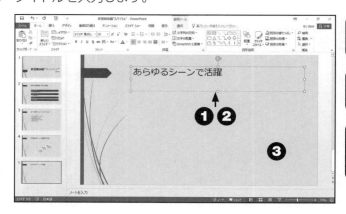

❶ タイトルのプレースホルダーをクリックします。

❷ 「あらゆるシーンで活躍」と入力します。

❸ タイトルのプレースホルダーの外をクリックして、タイトルの選択を解除します。

Step 3 図形の一覧を表示して、[楕円] を選択します。

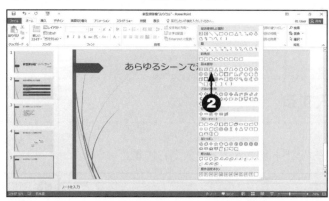

❶ [図形描画] グループの [その他] ボタンをクリックします。

❷ [楕円] をクリックします。

Step 4 楕円を描きます。

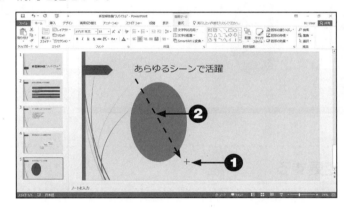

❶ マウスポインターが ✚ になっていることを確認します。

❷ 適当な位置で、左上から右下に向かってドラッグします。

Step 5 楕円が描けました。

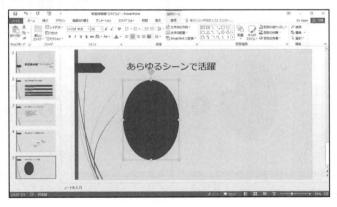

💡 ヒント
正方形や真円を描くには
正方形や真円は、**Shift** キーを押しながらドラッグすることで描くことができます。

第 3 章　図解の作成

図形への文字の挿入

図形内に文字を挿入します。

操作 図形に文字を挿入する

Step 1 図形に「ターゲット」という文字を入力します。

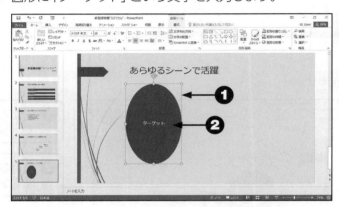

❶ 図形が選択されていることを確認します。

❷ キーボードから「ターゲット」と入力します。

操作 文字を縦書きに変更する

Step 1 「ターゲット」を縦書きに変更します。

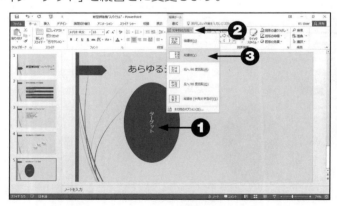

❶ 図形の文字内に、カーソルがあることを確認します。

❷ [文字列の方向] ボタンをクリックします。

❸ [縦書き] をクリックします。

Step 2 文字列が縦書きに変更されました。

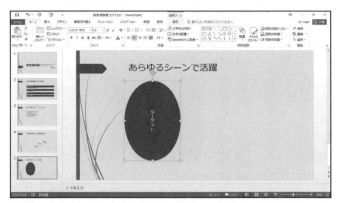

Step 3 フォントサイズを32ポイントに変更します。

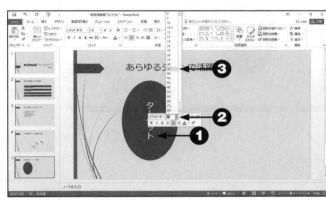

❶ 文字列「ターゲット」をドラッグして範囲選択します。

❷ ミニツールバー上の［フォントサイズ］ボックスの▼をクリックします。

❸ ［32］を選択します。

❹ 文字列の選択を解除します。

Step 4 フォントサイズが変更されました。

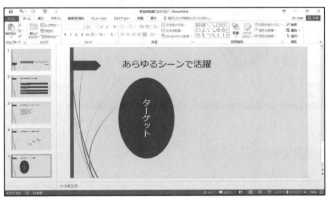

図形の複製

まったく同じ図形をいくつも作成するときは、図形の複製を利用します。

操作 図形を複製する

Step 1 図形の一覧を表示して、[角丸四角形] を選択します。

❶ [図形描画] グループの[その他] ボタンをクリックします。

❷ [角丸四角形] をクリックします。

Step 2 [角丸四角形] を挿入します。

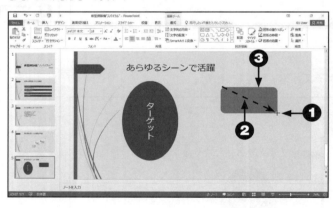

❶ マウスポインターが ＋ になっていることを確認します。

❷ 適当な位置で、左上から右下に向かってドラッグします。

❸ 角丸四角形が作成できました。

Step 3 角丸四角形の図形を複製します。

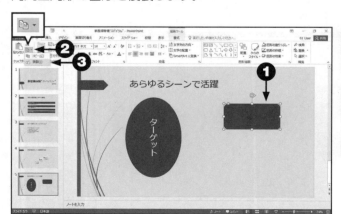

❶ 角丸四角形が選択されていることを確認します。

❷ [コピー] ボタンの▼をクリックします。

❸ [複製] をクリックします。

Step 4 角丸四角形の図形が複製されました。

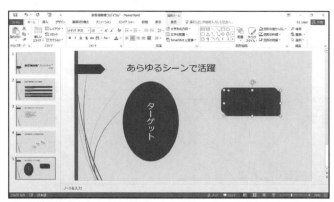

操作☞ 図形を移動する

Step 1 複製された角丸四角形を移動します。

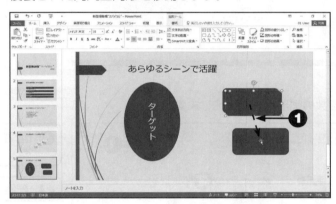

❶ 複製された角丸四角形を、移動先にドラッグします。
※次の操作で整列機能を利用するため、ここでは図形が少し右側に配置されるようにドラッグしましょう。

❷ 図形が移動しました。

第3章 図解の作成

図形の整列

複数のオブジェクトを、スライドの左右、上下や選択したオブジェクトを基準にして整列させることができます。

操作 図形を左側に揃える

Step 1 整列する図形を選択します。

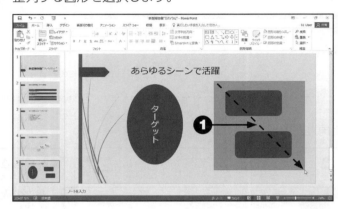

❶ 選択したい図形を、すべて囲むようにドラッグします。

Step 2 選択した複数の図形を左揃えにします。

❶ [配置] ボタンをクリックします。

❷ [配置] をポイントします。

❸ [左揃え] をクリックします。

Step 3 複数選択した図形が左揃えに整列されました。

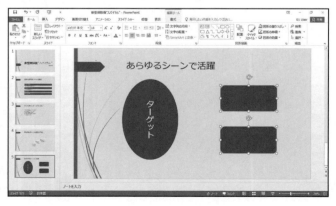

Step 4 図形の外でクリックして、選択を解除します。

ヒント 「左右に整列」と「上下に整列」

3つ以上の図形を整列させるときには、「左右に整列」と「上下に整列」という機能が利用できます。
左右の場合は選択した図形のうち、一番左の図形と一番右の図形が基準となり、左右に等間隔に整列されます。同様に上下の場合も、選択した一番上と一番下にある図形が基準となり、上下に等間隔に整列されます。

ヒント グリッドとガイドについて

グリッドを表示すると、スライドに目安線を表示させることができます。グリッド線の間隔は任意に指定できます。またガイドとはスライドの中心を視覚的にわかりやすくする線のことで、この線の交点がスライドの中心ということになります。表示するには、[表示]タブをクリックして、[表示]グループにある[グリッド線]や[ガイド]にチェックを入れるだけです。必要に応じて表示させます。

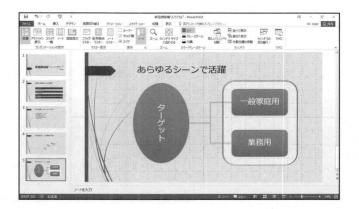

第3章 図解の作成

コネクタによる図形の結合

コネクタとは、図形と図形を線で結ぶための図形です。直線や矢印を使って結ぶことも可能ですが、コネクタを利用したほうが、より素早く正確に図形どうしを結ぶことができます。[カギ線コネクタ] や [カギ線矢印コネクタ] などが用意されています。

操作 [カギ線コネクタ] を使用して図形を結合する

Step 1 角丸四角形に文字を挿入し、フォントサイズを変更します。

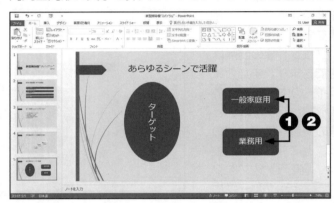

❶ 角丸四角形に次の文字を挿入します。
・一般家庭用
・業務用

❷ フォントサイズを [32] に変更します。

Step 2 [カギ線コネクタ] を選択します。

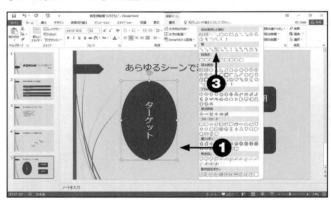

❶ 楕円の図形を選択します。

❷ [図形描画] グループの [その他] ボタンをクリックします。

❸ [カギ線コネクタ] をクリックします。

Step 3 コネクタの始点をポイントします。

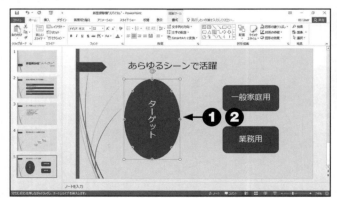

❶ 楕円の図形の右側中央のハンドルをポイントします。

❷ マウスポインターが╋になったことを確認します。

Step 4 コネクタで結合します。

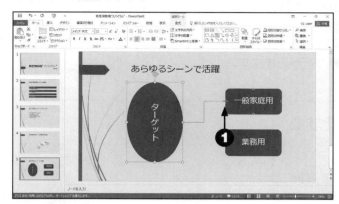

❶「一般家庭用」と入力されている図形の、左側中央のハンドルと結合するようにドラッグします。

Step 5 図形が[カギ線コネクタ]で結合できました。

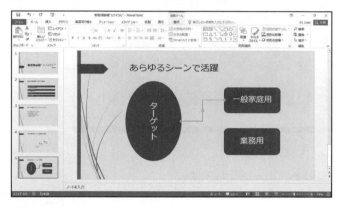

Step 6 同様に下の図を参照し、「業務用」の文字が入力されている図形も結合します。

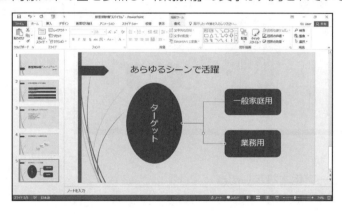

第 3 章 図解の作成

複数の図形のグループ化

複数の図形を1つにまとめることを「グループ化」といいます。グループ化された図形は、1つの図形として書式設定、サイズ変更、移動などができます。

操作 図形をグループ化する

Step 1 図形をすべて選択します。

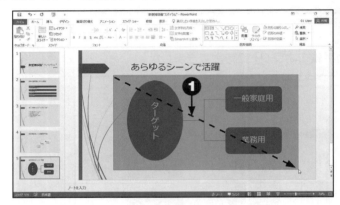

❶ 選択したい図形を、すべて囲むようにドラッグします。

Step 2 選択された図形をグループ化します。

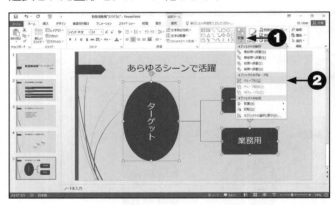

❶ [配置] ボタンをクリックします。

❷ [グループ化] をクリックします。

Step 3 図形がグループ化されました。

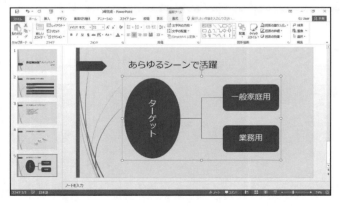

!重要　グループ化を解除するには

グループ化された図形は、1つの図形として扱われます。個別の図形を編集する場合は、一度グループ化を解除します。グループ化を解除するには、グループ化された図形をクリックし、[配置] ボタンをクリックして、[グループ解除] をクリックします。

ただし、図形の色や図形内の文字は、グループ化されたままでも個々の図形に対して編集できます。

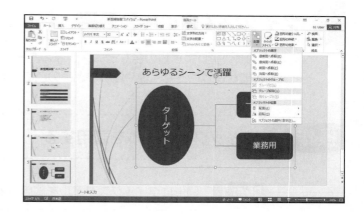

クイックスタイルの適用

図形は、線や塗りつぶしの色などのスタイルを一つひとつ個別に設定することもできますが、「クイックスタイル」機能を使うことで、線や塗りつぶしの色に加え、影や3D効果などを一度に設定することができます。

操作☞ クイックスタイルを適用する

Step 1 図形にクイックスタイルを適用します。

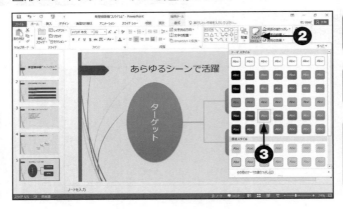

❶ グループ化された図形が選択されていることを確認します。

❷ [クイックスタイル] ボタンをクリックします。

❸ 上から5番目左から3番目にある [グラデーション-オレンジ、アクセント2] をクリックします。

💡 ヒント
プレビューでクイックスタイルを事前に確認する
クイックスタイルを変更する際にも、プレビュー機能が利用できます。

Step 2 クイックスタイルが適用されました。

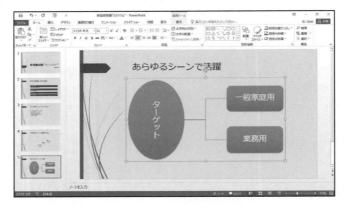

重ね合わせ順序の変更

図形が重なって配置されている場合、重ね合わせ順序を変えることができます。新たに図形を描画すると最前面に配置されます。

■ 図形の順序の入れ替え方
図形の順序を入れ替えるには、次のやり方があります。
- 最背面へ移動　重なっている図形の最背面に移動します。
- 最前面へ移動　重なっている図形の最前面に移動します。
- 背面へ移動　　1つ背面に移動します。
- 前面へ移動　　1つ前面に移動します。

操作 ☞ 図形の順序を入れ替える

角丸四角形を作成し、背面へ配置します。

Step 1 図形の一覧から角丸四角形を選択します。

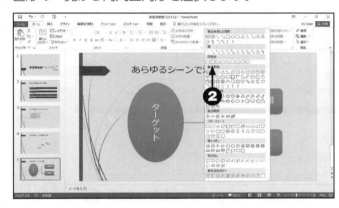

❶ [図形描画] グループの [その他] ボタンをクリックします。

❷ [角丸四角形] をクリックします。

Step 2 角丸四角形を描きます。

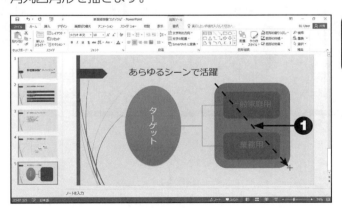

❶ 「一般家庭用」と「業務用」の図形を囲むようにドラッグします。

第3章　図解の作成

Step 3 角丸四角形が作成されました。

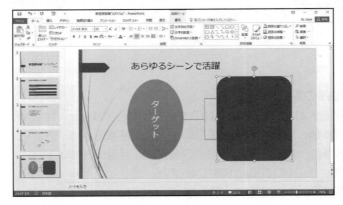

Step 4 図形の塗りつぶしのスタイルを変更します。

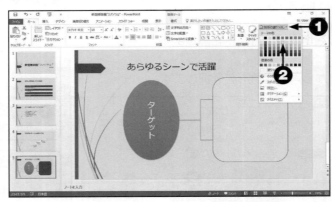

❶ [図形の塗りつぶし] ボタンの▼をクリックします。

❷ 上から2番目左から6番目にある [オレンジ、アクセント2、白 + 基本色80%] をクリックします。

Step 5 図形の枠線のスタイルを変更します。

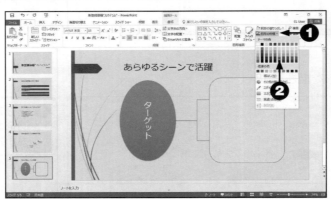

❶ [図形の枠線] ボタンの▼をクリックします。

❷ 上から5番目左から6番目にある [オレンジ、アクセント2、黒 + 基本色25%] をクリックします。

Step 6 図形の面取りをします。

① [図形の効果] ボタンをクリックします。

② [面取り] をポイントします。

③ [額縁風] をクリックします。

Step 7 作成した角丸四角形を背面へ配置します。

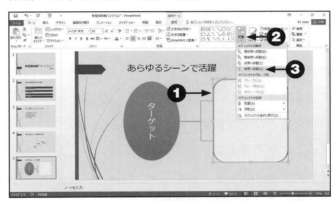

① 作成した角丸四角形が選択されていることを確認します。

② [配置] ボタンをクリックします。

③ [背面へ移動] をクリックします。

Step 8 図形の順序が入れ替わりました。

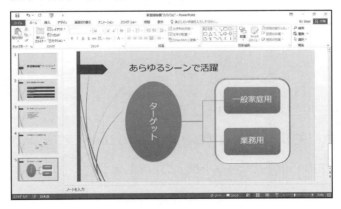

Step 9 [保存用] フォルダーにプレゼンテーションを保存します。

📶 この章の確認

- ☐ スライドにSmartArtグラフィックを描くことができますか？
- ☐ SmartArtグラフィックに文字を挿入することができますか？
- ☐ SmartArtグラフィックのレイアウトを変更することができますか？
- ☐ SmartArtグラフィックのスタイルを変更することができますか？
- ☐ SmartArtグラフィックの色を変更することができますか？
- ☐ 変更したSmartArtグラフィックの設定を元に戻すことができますか？
- ☐ 箇条書きをSmartArtグラフィックに変換することができますか？
- ☐ スライドに図形を挿入することができますか？
- ☐ 図形内に文字を入力することができますか？
- ☐ 図形内の文字列の方向を変更することができますか？
- ☐ [ミニツールバー]を使って書式を変更することができますか？
- ☐ 図形を複製することができますか？
- ☐ 図形を整列させることができますか？
- ☐ 複数の図形をコネクタでつなぐことができますか？
- ☐ 複数の図形をグループ化することができますか？
- ☐ グループ化を解除できますか？
- ☐ 図形にクイックスタイルを適用することができますか？
- ☐ 図形の重ね順を変更することができますか？

復習問題 問題 3-1

1. 「復習3-1　容器包装リサイクルとは」を開きましょう。
2. 4枚目のスライドを表示して、[矢印と長方形のプロセス]のSmartArtグラフィックを挿入しましょう。
3. SmartArtグラフィックに、左から以下のテキストを入力しましょう。
   - Reduce（リデュース）
   - Reuse（リユース）
   - Recycle（リサイクル）
4. SmartArtグラフィックに、スタイル[バードアイ]を適用しましょう。
5. 5枚目のスライドを表示して、箇条書きを[縦方向箇条書きリスト]のSmartArtグラフィックに変換しましょう。
6. [縦方向箇条書きリスト]のSmartArtグラフィックのレイアウトを[横方向箇条書きリスト]に変更しましょう。

7. SmartArtグラフィックに、スタイル［立体グラデーション］を適用しましょう。

8. 3枚目のスライドに、図形の［対角する2つの角を切り取った四角形］を使って、箇条書き部分を囲むように描きましょう。

9. 図形に、クイックスタイル［パステル-赤、アクセント4］を適用しましょう。

10. 図形を、最背面に配置しましょう。

11. ［保存用］フォルダーに「復習3-1　容器包装リサイクルとは（完成）」という名前で保存しましょう。

完成例

第4章

オブジェクトの挿入

■ 数値を明確にするオブジェクト(表、グラフ)
■ イメージを引き出すオブジェクト(イラスト、写真)
■ 情報をまとめるオブジェクト(ワードアート、テキストボックス)

数値を明確にするオブジェクト（表、グラフ）

PowerPointには文字や数字だけでは伝わりにくい情報を、聞き手にイメージしやすく伝える手法として、表やグラフといった機能が備わっています。表やグラフを使うことで、視覚的にイメージしやすくなるばかりでなく、正確な情報を具体的でわかりやすく、聞き手に説得力のあるプレゼンテーションを行うことができます。ここでは新規に表やグラフを作成する方法を学習します。

表の挿入

PowerPointでは、表を作成したり、編集したりすることができます。

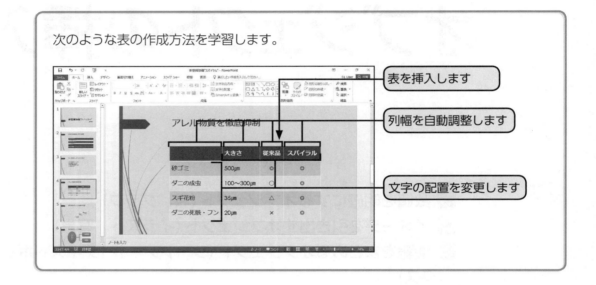

操作 表を挿入する

Step 1 [保存用] フォルダーにあるプレゼンテーション「新型掃除機"スパイラル"」を開きます。本章から学習を開始する場合は、[PowerPoint2016基礎] フォルダーにある「4章_新型掃除機"スパイラル"」を開きます。

Step 2 3枚目のスライドに切り替えて新しいスライドを挿入します。

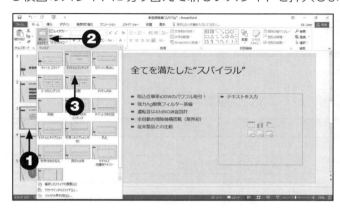

❶ 3枚目のスライドを選択します。

❷ [新しいスライド] ボタンの▼をクリックします。

❸ [タイトルとコンテンツ] をクリックします。

Step 3 挿入したスライドにタイトルを入力し、[表の挿入] をクリックします。

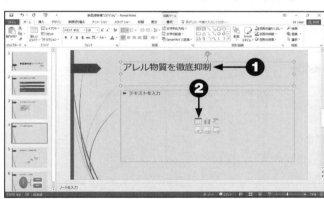

❶ スライドのタイトルに「アレル物質を徹底抑制」と入力します。

❷ プレースホルダー内の [表の挿入] をクリックします。

ヒント
表の挿入方法
表は[挿入]タブ[表]ボタンをクリックすることでも挿入できます。

Step 4 5行×4列の表を挿入します。

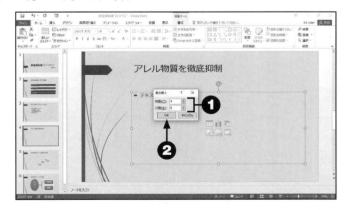

❶ 列数が [4] に、行数が [5] になるように▲と▼をクリックします。

❷ [OK] をクリックします。

第4章 オブジェクトの挿入

Step 5 5行×4列の表が挿入されました。

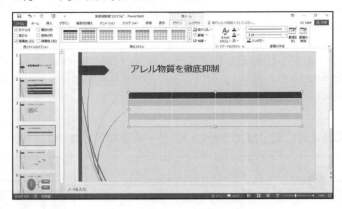

Step 6 下の表を参考にして、表に文字を入力します。

	大きさ	従来品	スパイラル
砂ゴミ	500μm	◎	◎
ダニの成虫	100〜300μm	○	◎
スギ花粉	35μm	△	◎
ダニの死骸・フン	20μm	×	◎

※大きさの単位は「μm（マイクロメートル）」です。

💡 **ヒント**
表内でのカーソル移動
文字を入力後に **Enter** キーを押すと、セル内で改行されます。カーソルを次のセルに移動するには、**Tab** キーまたは方向キーを押すか、セルをマウスでクリックします。

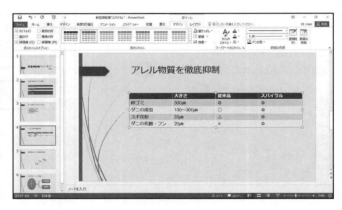

操作 表を編集する

表の列幅、文字の配置などを変更しましょう。

Step 1 列幅を自動調整します。

❶ 表が選択されていることを確認します。

❷ 1列目と2列目の間にマウスをポイントし、↔になったことを確認して、ダブルクリックします。

Step 2 列幅が自動調整されたことを確認します。

Step 3 他の列幅もすべて自動調整します。

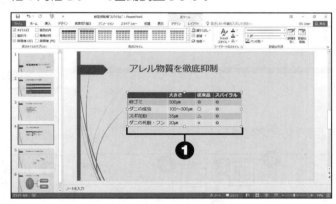

❶ すべての列幅が自動調整されたことを確認します。

💡 ヒント
列幅の調整
↔をダブルクリックせずに左右にドラッグすれば任意の幅に調整できます。

Step 4 表のサイズを変更します。

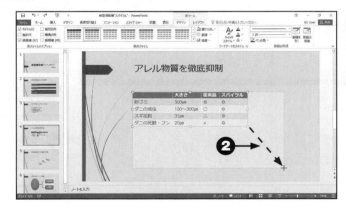

❶ 表の右下をポイントし、⤡になったことを確認します。

❷ 適当な場所までドラッグします。

第4章 オブジェクトの挿入

Step 5 表のサイズが変更されました。

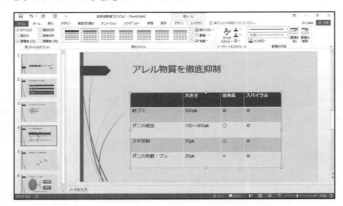

Step 6 1列目と2列目の文字の配置を上下中央揃えにします。

💡 **ヒント**
セルの選択
複数のセルは、目的のセルからセルまでをドラッグすると選択することができます。また1列すべてのセルを選択するには、表の一番上の線にマウスカーソルを合わせて下矢印が表示されたところでクリックします。

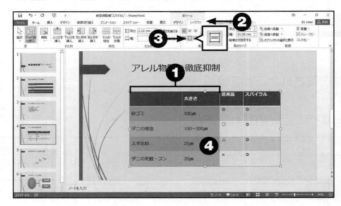

❶ 1列目と2列目をドラッグで選択します。

❷ [表ツール]の[レイアウト]タブをクリックします。

❸ [上下中央揃え]ボタンをクリックします。

❹ 文字の配置が変更されたことを確認します。

Step 7 3列目と4列目の文字の配置を上下左右中央揃えにします。

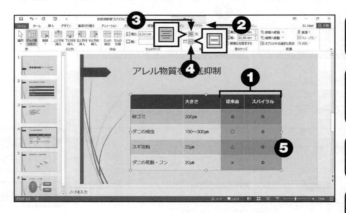

❶ 3列目と4列目をドラッグで選択します。

❷ [表ツール]の[レイアウト]タブが選択されていることを確認します。

❸ [中央揃え]ボタンをクリックします。

❹ [上下中央揃え]ボタンをクリックします。

❺ 文字の配置が変更されたことを確認します。

Step 8 表全体を選択します。

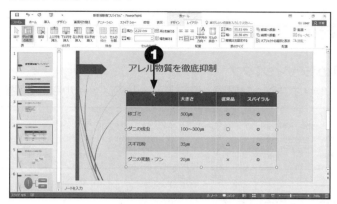

❶ 表の枠をポイントし、マウスポインターが十字になったことを確認して、クリックします。

Step 9 表内のフォントのサイズを大きくします。

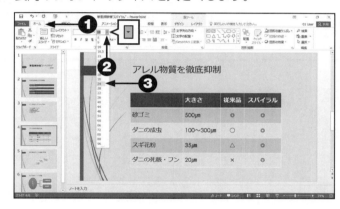

❶ [ホーム] タブをクリックします。

❷ [フォントサイズ] の▼をクリックします。

❸ [24] をクリックします。

Step 10 フォントサイズが変更されました。

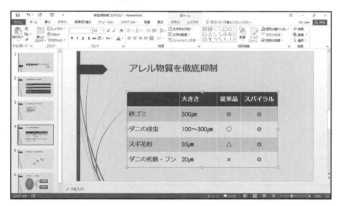

ヒント　**一度作成した表のスタイルの変更**

一度作成した表のスタイルは、[表ツール] の [デザイン] タブ、[レイアウト] タブにあるボタンを使って変更できます。

[表ツール] の [デザイン] タブ

表のスタイルやオプション設定、ワードアートのスタイルなどを変更できます。

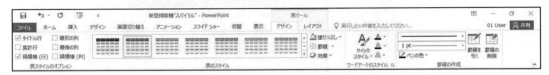

[表ツール] の [レイアウト] タブ

表の行や列の挿入、削除、セルの結合、配置などを変更できます。

グラフの挿入

PowerPointでグラフのデータを編集するときは、グラフのデータ編集用のツールが起動し、Excelのワークシートと同様のシートを利用してデータを編集します。編集ツールの代わりにExcelでデータを編集することもできます。

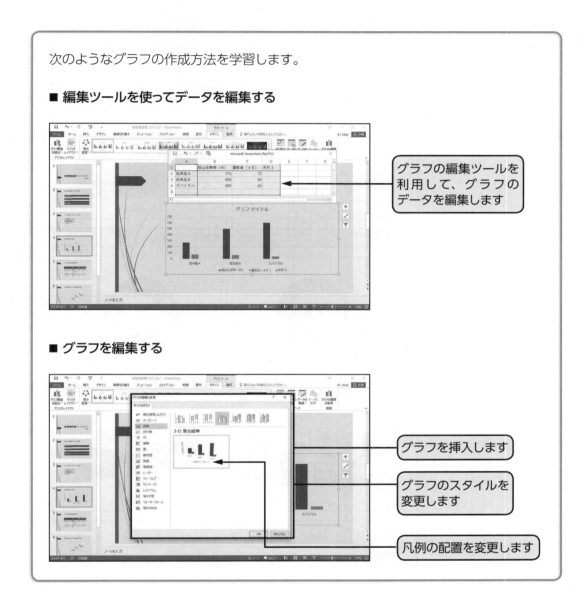

■ **作成できる代表的なグラフの種類**

縦棒グラフ	横棒グラフ	項目間の比較やデータの推移などを表現できます。
折れ線グラフ	面グラフ	データの時間的な変化や、各項目の全体的な傾向を表現できます。
円グラフ	ドーナツグラフ	各項目の割合を示します。円グラフは、1つのデータ系列の割合を表現できます。ドーナツグラフは、複数の系列の割合を表現できます。
3-D 縦棒グラフ	3-D 面グラフ	3-Dの棒グラフや円グラフ、面グラフは表示効果を高められます。

上記以外に、積み上げグラフ、レーダーチャート、等高線グラフなどがあります。表現する内容に合ったグラフの種類を選択してください。

操作 グラフを挿入する

4枚目のスライドに、従来品との比較を説明するためのグラフを作成しましょう。

Step 1 3枚目の次にグラフを挿入する新しいスライドを挿入します。

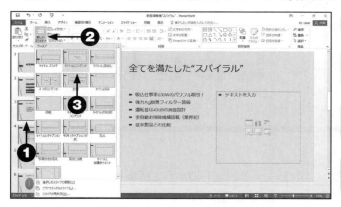

❶ 3枚目のスライドを選択します。

❷ [新しいスライド] ボタンの▼をクリックします。

❸ [タイトルとコンテンツ] をクリックします。

❹ 新しいスライドが挿入されたことを確認します。

Step 2 挿入したスライドにタイトルを入力し、[グラフの挿入] をクリックします。

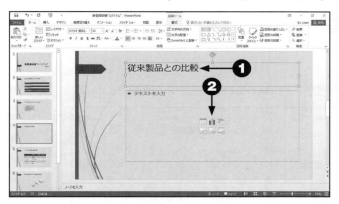

❶ タイトルに「従来製品との比較」と入力します。

❷ プレースホルダー内にある [グラフの挿入] をクリックします。

💡 ヒント
グラフの挿入方法
グラフは [挿入] タブの [グラフ] ボタンをクリックすることでも挿入できます。

Step 3 グラフの種類を選択します。

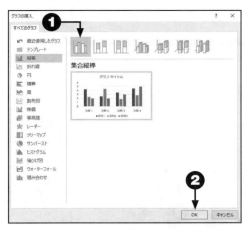

❶ [集合縦棒] が選択されていることを確認します。

❷ [OK] をクリックします。

第4章 オブジェクトの挿入　111

Step 4 スライドにサンプルデータのグラフが挿入されます。グラフデータの編集ツールが別ウィンドウで起動し、編集用のシートが表示されます。

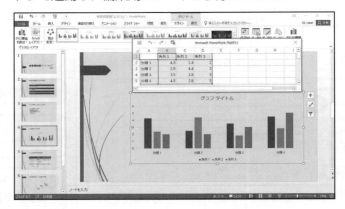

Step 5 シートのサンプルデータを、以下のように編集します。

	A	B	C	D
1		吸込仕事率（W）	運転音（dB）	系列3
2	従来品A	270	75	
3	従来品B	500	64	
4	スパイラル	600	43	
5				

Step 6 シートの内容が、PowerPointのグラフに反映されます。

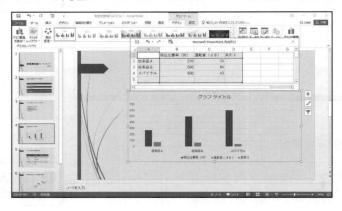

Step 7 グラフのデータの有効範囲をC列までに変更します

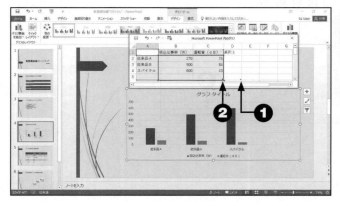

❶ シート内の青い枠線の右下にあるハンドルをポイントします。

❷ C列までドラッグします。

Step 8 同様にグラフのデータの有効範囲を4行目までに変更します。

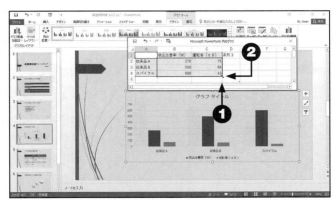

❶ シート内の青い枠線の右下にあるハンドルをポイントします。

❷ 4行目までドラッグします。

Step 9 編集ツールのウィンドウを閉じます。

ヒント
編集ツールを再表示するには
グラフをクリックし、[グラフツール]の[デザイン]タブにある[データの編集]ボタンをクリックします。下半分をクリックすると[データの編集]（編集ツールが起動）と[Excelでデータを編集]（Excelが起動）の2つが表示されます。

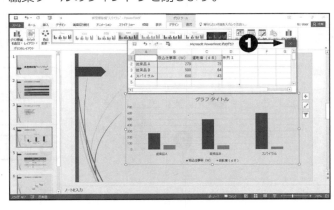

❶ 編集ツールのウィンドウの[閉じる]ボタンをクリックします。

操作☞ グラフ要素とグラフの種類を変更する

グラフ要素のうちのグラフタイトルを削除し、グラフの種類を[3-D 集合縦棒]に変更しましょう。

Step 1 [グラフ要素]を表示します。

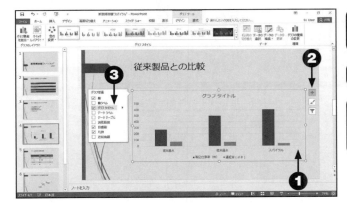

❶ グラフが選択されていることを確認します。

❷ [+]ボタンをクリックします。

❸ [グラフ要素]が表示されるので、[グラフタイトル]をクリックし、チェックをはずします。

第4章　オブジェクトの挿入

Step 2 グラフタイトルが消えたことを確認します。

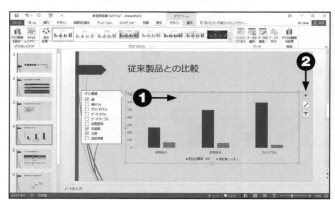

① グラフタイトルが削除されたことを確認します。

② [+] ボタンをクリックして、[グラフ要素] の表示を消します。

Step 3 グラフの種類を変更します。

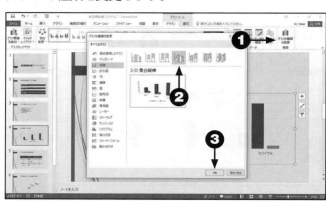

① [グラフの種類の変更] ボタンをクリックします。

② [グラフの種類の変更] ダイアログボックスの [3-D 集合縦棒] をクリックします。

③ [OK] をクリックします。

Step 4 グラフが [3-D 集合縦棒] に変更されました。

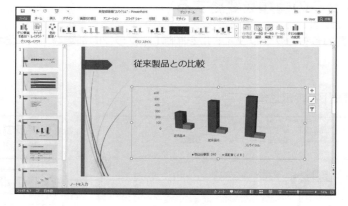

操作 凡例の位置を変更する

グラフに使われている色やパターンなどに対応する項目名などを表示するボックスを「凡例」といいます。凡例の位置を変更して、グラフを見栄えよく配置しましょう。

Step 1 凡例の位置を上にします。

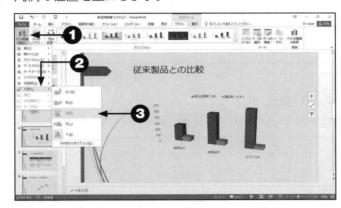

❶ [グラフ要素を追加]ボタンをクリックします。

❷ [凡例]をポイントします。

❸ [上]をクリックします。

Step 2 凡例の位置が変わります。

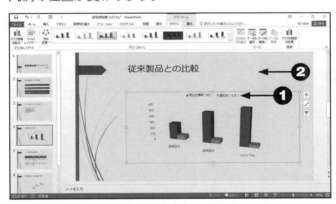

❶ 凡例がグラフの上に表示されていることを確認します。

❷ グラフの外側をクリックしてグラフの選択を解除します。

ヒント　一度作成したグラフのスタイルの変更
一度作成したグラフのスタイルは、[グラフツール] の [デザイン] タブ、[書式] タブにあるボタンを使って変更できます。

[グラフツール] の [デザイン] タブ
グラフのレイアウトやスタイルなどを変更できます。

[グラフツール] の [書式] タブ
各要素の書式や図形のスタイルを変更できます。

イメージを引き出すオブジェクト（イラスト、写真）

文字情報だけでは聞き手によって印象が異なるため、聞き手の共通認識を促し、具体的なイメージを引き出す必要があります。このイメージを引き出すために有効なのが、イラストや写真といったオブジェクトです。これらを効果的に配置したり、さまざまな効果をつけたりすることで、表現力豊かなインパクトのあるプレゼンテーションに変わります。

イラストの挿入

ここではイラストをスライドに挿入する方法を学習します。

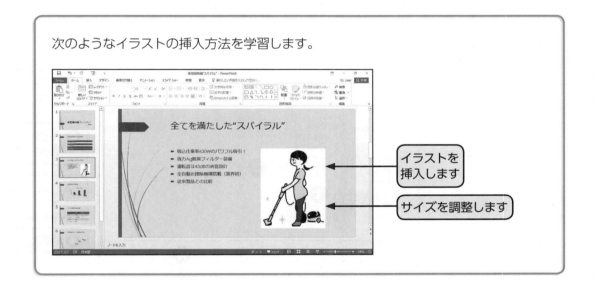

操作 👉 イラストを挿入する

3枚目のスライドに、掃除機のイラストを挿入しましょう。

Step 1 3枚目のスライドに切り替えて、[図の挿入]ダイアログボックスを表示します。

> 💡 **ヒント**
> **画像の挿入方法**
> [図の挿入]ダイアログボックスは、[挿入]タブの[画像]ボタンをクリックすることでも表示できます。

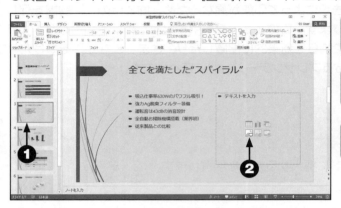

1. 3枚目のスライドをクリックします。
2. 右側のプレースホルダーにある[図]をクリックします。
3. [図の挿入]ダイアログボックスが表示されます。

Step 2 イラストを挿入します。

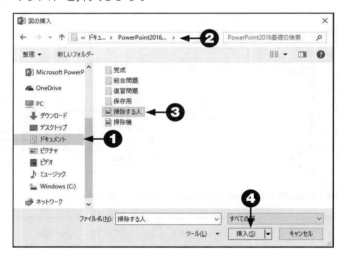

1. プレースバーの[ドキュメント]をクリックします。
2. [PowerPoint2016基礎]フォルダーを開きます。
3. 「掃除する人」をクリックします。
4. [挿入]をクリックします。

Step 3 イラストが挿入されました。

イメージを引き出すオブジェクト(イラスト、写真)

Step 4 イラストのサイズを調整します。

❶ イラストのハンドルをドラッグして適当なサイズに調整します。

Step 5 イラストを移動します。

❶ イラストをドラッグして適当な位置に移動します。

Step 6 イラストの選択を解除します。

写真の挿入

PowerPointではデジタルカメラで撮影した写真などをスライドに挿入することができます。商品や人物などの写真を挿入することにより、相手の視覚に訴える効果的なプレゼンテーションを行うことができます。

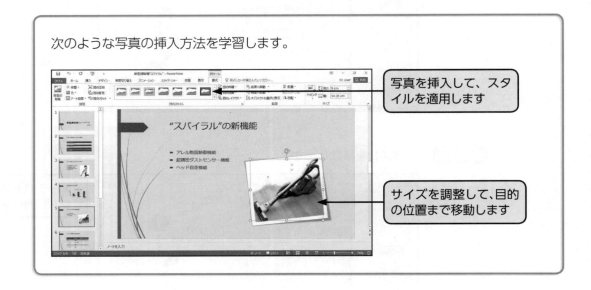

次のような写真の挿入方法を学習します。

・写真を挿入して、スタイルを適用します
・サイズを調整して、目的の位置まで移動します

操作 写真を挿入する

新しいスライドに、商品イメージの写真を挿入しましょう。

Step 1 4枚目の次に新しいスライドを挿入します。

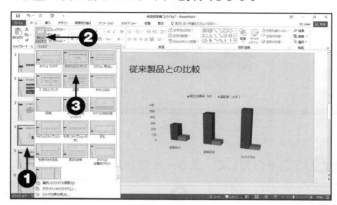

① 4枚目のスライドを選択します。

② [新しいスライド] ボタンの▼をクリックします。

③ [タイトルとコンテンツ] をクリックします。

④ 新しいスライドが挿入されたことを確認します。

Step 2 タイトルと箇条書きを入力します。

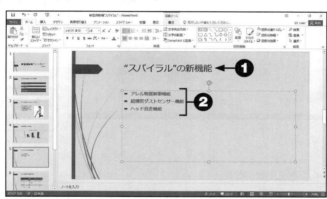

① スライドのタイトルに「"スパイラル"の新機能」と入力します。

② スライドの箇条書きに以下を入力します。
・アレル物質制御機能
・超精密ダストセンサー機能
・ヘッド自走機能

Step 3 写真を挿入します。

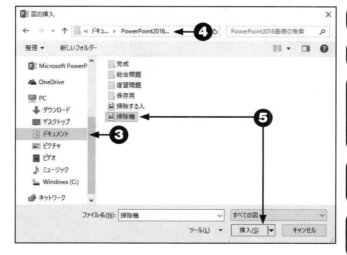

① [挿入] タブをクリックします。

② [画像] ボタンをクリックします。

③ [図の挿入] ダイアログボックスが表示されるので、プレースバーの [ドキュメント] をクリックします。

④ [PowerPoint2016基礎] フォルダーを開きます。

⑤ 「掃除機」をクリックし、[挿入] をクリックします。

第4章 オブジェクトの挿入

Step 4 写真が挿入されました。

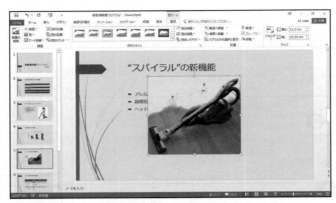

Step 5 写真の位置とサイズを調整して、スタイルの一覧を表示します。

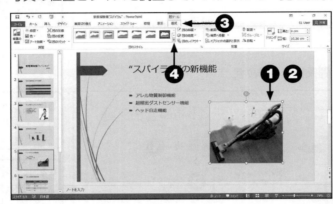

❶ 写真を適当なサイズに調整します。

❷ 適当な位置に移動します。

❸ [図ツール] の [書式] タブが選択されていることを確認します。

❹ [図のスタイル] グループの [その他] ボタンをクリックします。

Step 6 写真にスタイルを設定します。

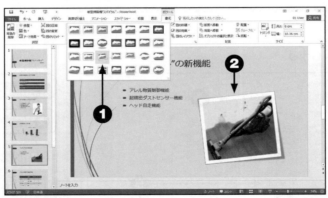

❶ 一覧から [回転、白] をクリックします。

❷ 写真にスタイルが適用され、写真が傾き白枠が付きます。

Step 7 写真の明るさとコントラストを設定します。

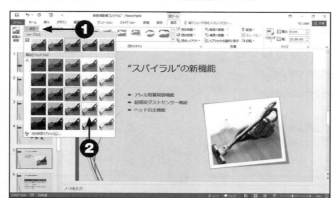

❶ [修整] ボタンをクリックします。

❷ [明るさ：＋20% コントラスト：＋20%] をクリックします。

Step 8 写真の明るさとコントラストが変更されました。

💡 ヒント **挿入した写真のスタイルの変更**
一度挿入した写真のスタイルは、[図ツール] の [書式] タブ [調整] グループや [図のスタイル] グループのボタンを使って変更できます。

第 4 章　オブジェクトの挿入

💡 **ヒント**　**挿入した写真の色の変更**

挿入した写真の色を変更するには[色]ボタンをクリックして一覧から選択します。

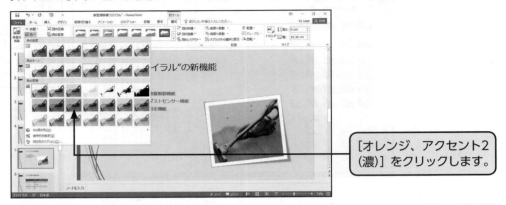

[オレンジ、アクセント2（濃）]をクリックします。

💡 **ヒント**　**挿入した写真への効果の設定**

挿入した写真に効果を設定するには[アート効果]ボタンをクリックして一覧から選択します。

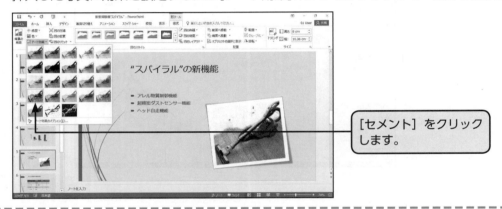

[セメント]をクリックします。

情報をまとめるオブジェクト
(ワードアート、テキストボックス)

プレゼンテーションを作成するときは、聞き手に伝えたい内容をひと目で理解してもらえるように留意することが大切です。インパクトのあるキャッチコピーはもちろんのこと、わかりやすく配置したオブジェクトだけでは伝えられない補足のコメントなど、情報を上手にまとめて伝えることを意識しましょう。

ワードアートの挿入

ワードアートを使うと、影付き、斜体、回転、引き伸ばしなどの効果を付けた飾り文字を作成できます。さらに塗りつぶしやグラデーションなどの効果を追加できます。

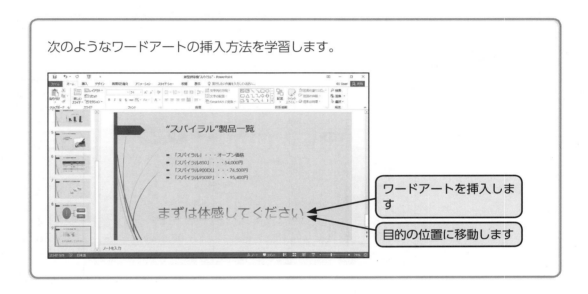

第4章 オブジェクトの挿入

操作☞ ワードアートを挿入する

新しく挿入したスライドに、「まずは体感してください」という飾り文字をワードアートで作成しましょう。

Step 1 新しいスライドを挿入します。

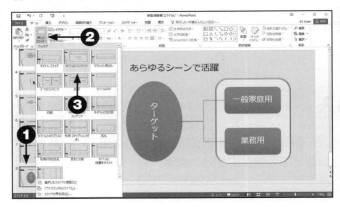

❶ 8枚目のスライドを選択します。
❷ [新しいスライド] ボタンの▼をクリックします。
❸ [タイトルとコンテンツ] をクリックします。
❹ 新しいスライドが挿入されたことを確認します。

Step 2 タイトルと箇条書きを入力します。

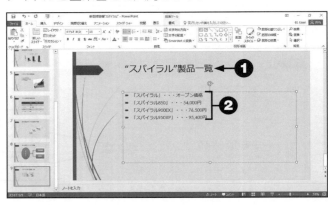

❶ タイトルに ["スパイラル"製品一覧] と入力します。
❷ コンテンツに箇条書きで以下を入力します。
・「スパイラル」… オープン価格
・「スパイラル850」… 54,000円
・「スパイラル900EX」… 76,500円
・「スパイラル950XP」… 95,400円

Step 3 ワードアートのスタイルの一覧を表示します。

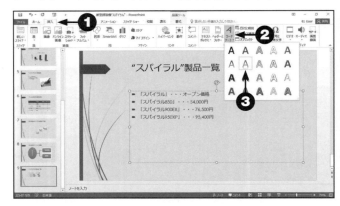

❶ [挿入] タブをクリックします。
❷ [ワードアート] ボタンをクリックします。
❸ 上から2番目左から2番目にある[塗りつぶし（グラデーション）-オリーブ、アクセント1、反射] をクリックします。

Step 4 ワードアートが挿入されます。

Step 5 本文を入力します。

❶ 「ここに文字を入力」と表示されているところに、「まずは体感してください」と入力します。

Step 6 ワードアートを移動します。

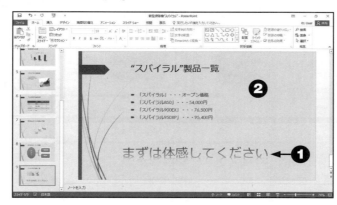

❶ ワードアートの外枠をドラッグしてワードアートを適当な位置に移動します。

❷ ワードアートの外側をクリックして選択を解除します。

 **一度作成したワードアートのスタイルの変更**

一度作成したワードアートのスタイルは、[描画ツール] の [書式] タブにある、スタイルの一覧、[文字の塗りつぶし] ボタン、[文字の輪郭] ボタン、[文字の効果] ボタンを使って変更できます。さらに、[ワードアートのスタイル] グループ右下の [文字の効果の設定：テキストボックス] ボタンをクリックすれば、[図形の書式設定] 作業ウィンドウが現れ、さらに細かな設定ができます。

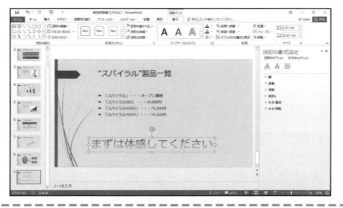

第4章 オブジェクトの挿入

テキストボックスの挿入

PowerPointではプレースホルダーにテキストを入力する以外に、「テキストボックス」機能を使うことで、スライドの好きな位置にテキストを配置することができます。横書きと縦書きのテキストボックスが用意されています。

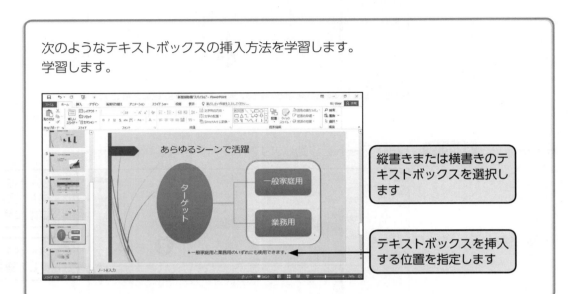

操作 ☞ テキストボックスを挿入する

8枚目のスライドに、テキストボックスを使って説明文を挿入しましょう。

Step 1 8枚目のスライドに切り替えます。

Step 2 横書きのテキストボックスを挿入します。

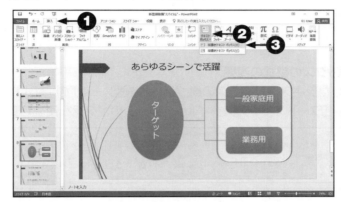

❶ [挿入] タブをクリックします。

❷ [テキストボックス] ボタンの▼をクリックします。

❸ [横書きテキストボックス] をクリックします。

Step 3 マウスポインターの形が ↓ になっていることを確認します。

Step 4 テキストボックスを作成します。

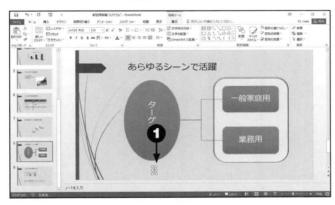

❶ テキストボックスを作成したい位置でクリックします。

Step 5 文字を挿入します。

❶ 「＊一般家庭用と業務用のいずれにも使用できます。」と入力します。

第4章 オブジェクトの挿入

Step 6 テキストボックスの外側をクリックして文字の入力を確定します。

Step 7 [保存用] フォルダーにプレゼンテーションを保存します。

ヒント　横書きと縦書きの変更
一度作成したテキストボックスの文字列の方向は、後から変更できます。[ホーム] タブの [文字列の方向] ボタンをクリックすると、横書き、縦書き、右へ90度回転、左へ90度回転などを選択できます。

ヒント　テキストボックスの書式の変更
一度作成したテキストボックスの書式は、[描画ツール] の [書式] タブの [図形のスタイル] グループや [ワードアートのスタイル] グループのボタンを使って変更できます。

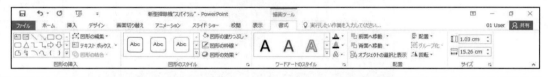

この章の確認

- ☐ スライドに表を挿入することができますか？
- ☐ 表の列幅を自動調整することができますか？
- ☐ 表内の文字の配置を変更することができますか？
- ☐ スライドにグラフを挿入することができますか？
- ☐ 編集ツールを操作してグラフのデータを編集することができますか？
- ☐ グラフの種類を変更することができますか？
- ☐ グラフ内にある凡例の位置を変更することができますか？
- ☐ スライドにイラストを挿入することができますか？
- ☐ スライドに写真を挿入することができますか？
- ☐ スライドにワードアートを挿入することができますか？
- ☐ スライドにテキストボックスを挿入することができますか？

復習問題　問題 4-1

1. 「復習4-1　容器包装リサイクルとは」を開きましょう。

2. 7枚目のスライドを表示して、下記のデータをもとに［3-D 集合縦棒］グラフを挿入しましょう。

	ガラスびん	紙製容器	ペットボトル	プラスチック
3年前	365	80	250	480
2年前	350	80	260	570
1年前	341	95	280	610

3. 挿入したグラフのスタイルを［スタイル11］に変更しグラフタイトルを削除しましょう。

4. 6枚目のスライドを表示して、下記のデータをもとに表を挿入しましょう。

種類	識別表示	リサイクル製品
金属	アルミ缶 スチール缶	アルミ原料 製鉄原料
ガラス	無色ガラスびん 茶色ガラスびん 他の色のガラスびん	ガラスびん原料 建築資材など
紙	飲料用 紙パック	製紙原料
プラスチック	PETボトル	プラスチック原料 ポリエステル原料

5. 表の中の文字列のフォントサイズを［20］に変更しましょう。

6. 完成例を参考に、表のサイズを変更しましょう。

7. 表のスタイルを［中間スタイル1 - アクセント1］に変更しましょう。
8. 文字列が表のセル内で上下と左右の中央揃えになるように変更しましょう。
9. 3枚目のスライドを表示して、イラスト「リサイクルの箱」を図形内の右下に挿入しましょう。
10. 4枚目のスライドのSmartArtグラフィックの下に、「容器包装廃棄物の3Rを推進」という文字列の［塗りつぶし - 青緑、アクセント2、輪郭 - アクセント2］ワードアートを挿入し、ワードアートのフォントサイズを［48］に変更しましょう。
11. 2枚目のスライドに、写真「リサイクル」を挿入しましょう。
12. 見本を参照して写真のサイズを変更し、スライドの右下に配置しましょう。
13. 挿入した写真のスタイルを、［対角を丸めた四角形、白］に変更しましょう。
14. ［保存用］フォルダーに「復習4-1　容器包装リサイクルとは（完成）」という名前で保存しましょう。

完成例

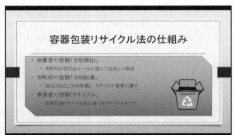

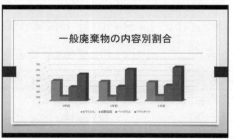

特殊効果の設定

- 効果的な特殊効果
- 画面切り替え効果の設定
- アニメーションの設定
- スライドショーの実行

効果的な特殊効果

スライドに動きを付ける「特殊効果」を設定すると、効果的なプレゼンテーションを行うことができます。「画面切り替え効果」を設定すると、スライドの切り替え時にダイナミックな動きを付けられるので、聞き手を惹きつけることができます。または「アニメーション効果」を設定し、オブジェクトの一つひとつに動きを付けることができます。

見た目に華やかな特殊効果は、見栄えにインパクトを与えることができますが、過剰に設定すると逆に聞き手の注意力が散漫になり逆効果になることもあります。プレゼンテーションは内容を伝えることが第一優先です。プレゼンテーションの内容に合わせた適切な効果を選択し、統一性のある効果を心がけましょう。

■ 画面切り替え効果を設定する

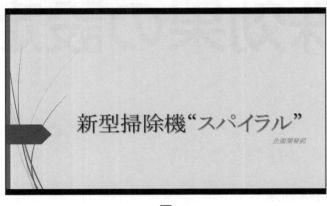

次のスライドとの切り替わり時に画面切り替え効果(ギャラリー)が表示されます。

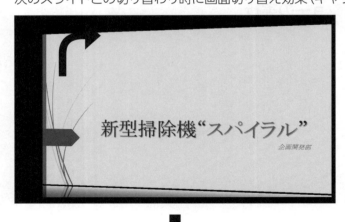

次のスライドに切り替わります。

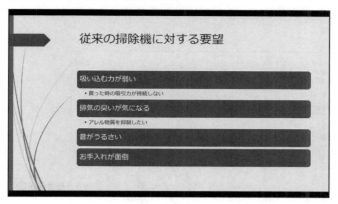

■ テキストにアニメーションを設定する

スライドを表示すると箇条書きが順番にアニメーション表示されます。

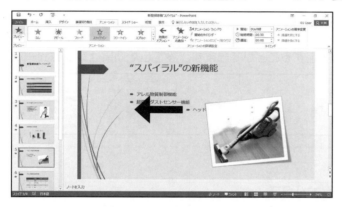

■ グラフにアニメーションを設定する

スライドを表示するとグラフが項目ごとに順番にアニメーション表示されます。

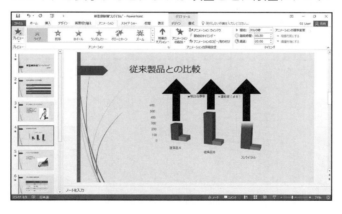

■ **テキストに強調効果を設定する**

テキストの色が徐々に変わる、下線が引かれる、太字に変わるなどでテキストが強調されます。

💡 **ヒント**　**[画面切り替え] タブ**

[画面切り替え] タブでは、画面切り替え効果を一覧から選択したり、選んだ効果をすべてのスライドに設定することができます。設定した効果はプレビューできます。

💡 **ヒント**　**[アニメーション] タブ**

[アニメーション] タブでは、オブジェクトに効果を設定したり、効果を表示する順序を変更したり、設定した効果をプレビューしたりすることができます。

画面切り替え効果の設定

作成したプレゼンテーションに画面切り替え効果を設定する操作を学習します。

操作　画面切り替え効果を設定する

Step 1 ［保存用］フォルダーにあるプレゼンテーション「新型掃除機"スパイラル"」を開きます。本章から学習を開始する場合は、［PowerPoint2016基礎］フォルダーにある「5章_新型掃除機"スパイラル"」を開きます。

Step 2 スライド一覧モードに切り替えます。

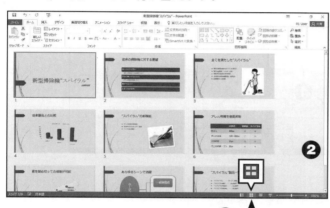

❶ ［スライド一覧］ボタンをクリックします。

❷ スライド一覧モードに切り替わったことを確認します。

Step 3 画面切り替え効果を設定するスライドを選択し、画面切り替え効果の一覧を表示します。

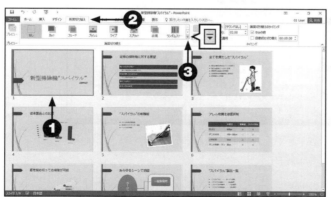

❶ 1枚目のスライドが選択されていることを確認します。

❷ ［画面切り替え］タブをクリックします。

❸ ［画面切り替え］グループの［その他］ボタンをクリックします。

第5章　特殊効果の設定

Step 4 一覧から目的の効果を選択します。

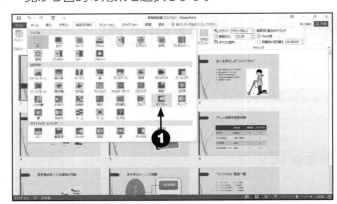

❶ 一覧から［ギャラリー］をクリックします。

Step 5 画面切り替え効果が設定されていることを確認します。

💡 **ヒント**
特殊効果の設定されたスライド
特殊効果が設定されているスライドには右下に★が表示されます。テンプレートには、初めから特殊効果が設定されているものがあります。

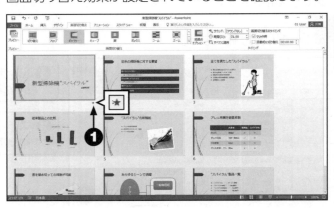

❶ 効果が設定されていることを示す★アイコンが表示されます。

Step 6 プレビューで再度確認します。

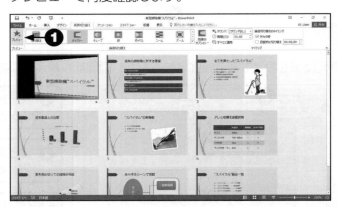

❶ ［プレビュー］ボタンをクリックしてプレビューを表示します。

Step 7 同様の画面切り替え効果をすべてのスライドに適用します。

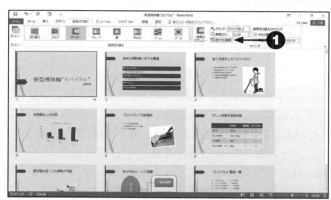

❶ [すべてに適用] ボタンをクリックします。

Step 8 すべてのスライドに効果が設定されたことを確認します。

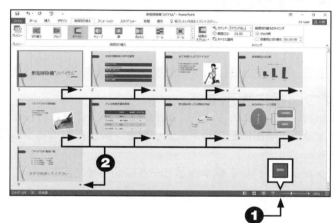

❶ [ズームスライダー] の ■ をクリックして、全スライドをウィンドウ内に表示します。

❷ すべてのスライドの右下に ★ が表示されていることを確認します。

💡ヒント　特殊効果の簡単な確認方法

スライド一覧表示では、特殊効果を設定したスライドの下にアイコンが表示されますが、このアイコンをクリックすると、特殊効果のプレビューが表示されます。

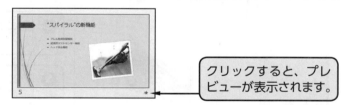

クリックすると、プレビューが表示されます。

第 5 章　特殊効果の設定

アニメーションの設定

オブジェクトにアニメーション効果を設定すると、より躍動感のあるプレゼンテーションを行うことができます。[開始] の効果を基本として、箇条書きやグラフ、写真などにアニメーションを設定し、アニメーションを使ってどのような効果が設定できるかを学びます。
ここでは、どのようなアニメーションができるかを主に学びます。アニメーションには動きの種類や開始のタイミング、実行順序の変更など、さらに細かい設定ができます。オブジェクトに自由自在に動きを付けるテクニックは『PowerPoint 2016 応用 セミナーテキスト』で解説します。

テキストのアニメーション設定

箇条書きを順番に表示するためのアニメーションを設定します。

操作 ☛ 箇条書きを1つずつ順番に表示する

箇条書きが1つずつ順番に右からアニメーション表示されるように設定しましょう。

Step 1 [標準] ボタンをクリックして標準表示モードに切り替えます。

Step 2 5枚目のスライドに切り替えます。

Step 3 [アニメーション] タブをクリックして、アニメーションの一覧を表示します。

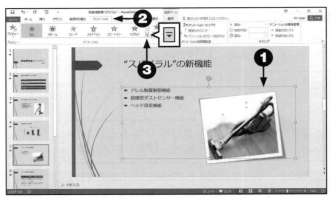

❶「アレル物質制御機能」と入力されているプレースホルダーを選択します。

❷ [アニメーション] タブをクリックします。

❸ [アニメーション] グループの [その他] ボタンをクリックします。

Step 4 一覧から目的のアニメーションを選択します。

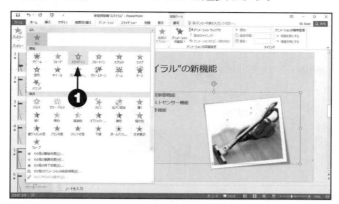

❶ 一覧から [スライドイン] を
クリックします。

Step 5 プレビューでアニメーションを再度確認します。

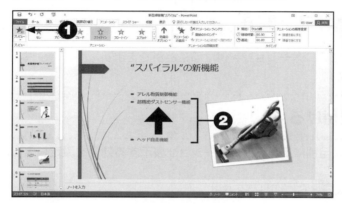

❶ [プレビュー] ボタンをクリックします。

❷ 箇条書きが1つずつ、下から上へアニメーション表示されることを確認します。

Step 6 右からアニメーションされるように変更します。

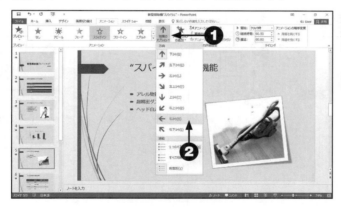

❶ [効果のオプション] ボタンをクリックします。

❷ [右から] をクリックします。

第 5 章　特殊効果の設定　*141*

Step 7 プレビューでアニメーションを再度確認します。

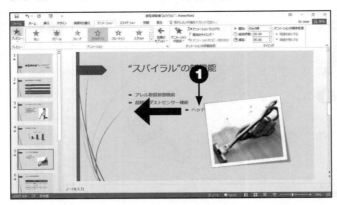

❶ 箇条書きが1つずつ右から左へアニメーション表示されます。

グラフのアニメーション設定

グラフには系列や項目ごとにアニメーションを付けることができます。

操作☞ グラフに動きを付ける

グラフを項目別に下からアニメーション表示する効果を設定しましょう。

Step 1 4枚目のスライドに切り替えます。

Step 2 グラフを選択します。

Step 3 アニメーションの一覧を表示します。

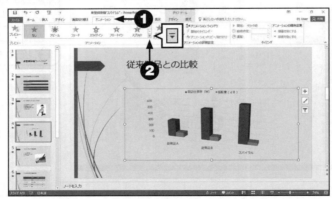

❶ ［アニメーション］タブが開いていることを確認します。

❷ ［アニメーション］グループの［その他］ボタンをクリックします。

Step 4 一覧から目的のアニメーションを選択します。

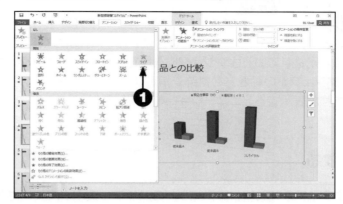

❶ 一覧から[ワイプ]をクリックします。

Step 5 アニメーションが項目別に動くように設定します。

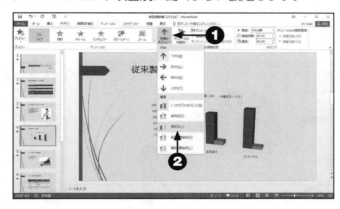

❶ [効果のオプション]ボタンをクリックします。

❷ [項目別]をクリックします。

Step 6 設定したアニメーションを再度確認します。

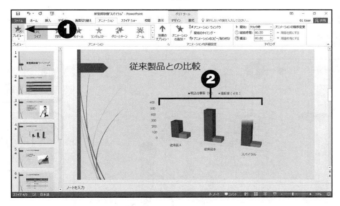

❶ [プレビュー]ボタンをクリックします。

❷ 項目別に下から伸びるアニメーションが設定できました。

その他のアニメーション設定

ここまでに設定した箇条書きとグラフのアニメーションは、スライドに表示されてくる[開始]に分類されるものです。このほかに、すでに表示されているオブジェクトを目立たせる[強調]、表示されているオブジェクトを非表示にする[終了]、オブジェクトの動き方を軌跡で指定する[アニメーションの軌跡]という効果の種類があります。ここでは文字を強調表示するアニメーションを学習します。

操作 強調効果を設定する

3枚目のスライドの「吸込仕事率630Wのパワフル吸引！」という文字列がスライド表示後に強調表示されるように設定しましょう。

Step 1 3枚目のスライドに切り替えます。

Step 2 文字列を範囲選択します。

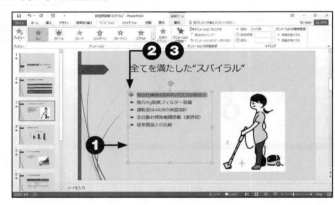

❶ 箇条書きのプレースホルダーをクリックします。

❷ 「吸込仕事率630Wのパワフル吸引！」の行頭文字をポイントします。

❸ マウスポインターの形が ✥ になっていることを確認してクリックします。

Step 3 文字列に強調のアニメーションを設定します。

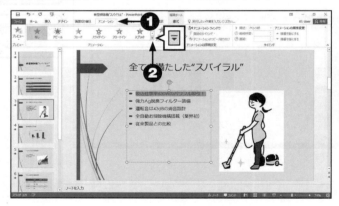

❶ [アニメーション]タブが開いていることを確認します。

❷ [アニメーション]グループの[その他]ボタンをクリックします。

Step 4 強調アニメーションを選択します。

❶ 一覧から [強調] の [フォントの色] をクリックします。

Step 5 強調時のフォントの色を選択します。

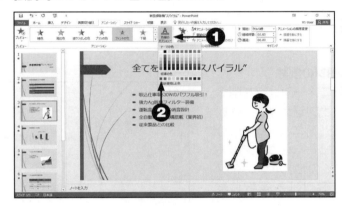

❶ [効果のオプション] ボタンをクリックします。

❷ [標準の色] の左から1番目の色をクリックします。

Step 6 アニメーションを再生し、スライドに設定した効果を確認します。

❶ [プレビュー] ボタンをクリックします。

❷ アニメーションが再生されます。

第 5 章　特殊効果の設定

ヒント アニメーションの追加

アニメーションの追加

すでにアニメーションが設定されているオブジェクトに、さらにアニメーションを追加することができます。例えばスライドインで開始して、フォントの色で強調、スライドアウトで終了させるという複数のアニメーションを設定できます。アニメーションを追加するには、オブジェクトを選択した状態で、[アニメーション] タブにある [アニメーションの追加] ボタンをクリックして、追加したいアニメーションをクリックします。

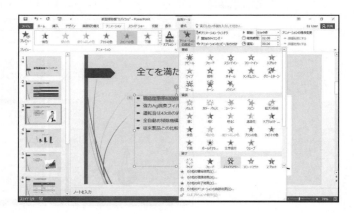

ヒント アニメーションの削除

設定したアニメーションを削除するには、オブジェクトを選択した状態で [アニメーション] タブの [アニメーション] グループにある [その他] ボタンをクリックして [なし] を選択します。

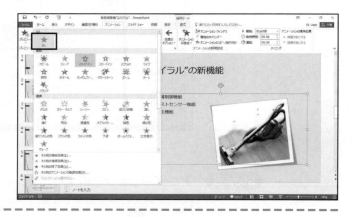

スライドショーの実行

「スライドショー機能」を利用すると、作成したプレゼンテーションのスライドを1枚ずつ順にコンピューターのディスプレイなどに全画面で表示することができます。

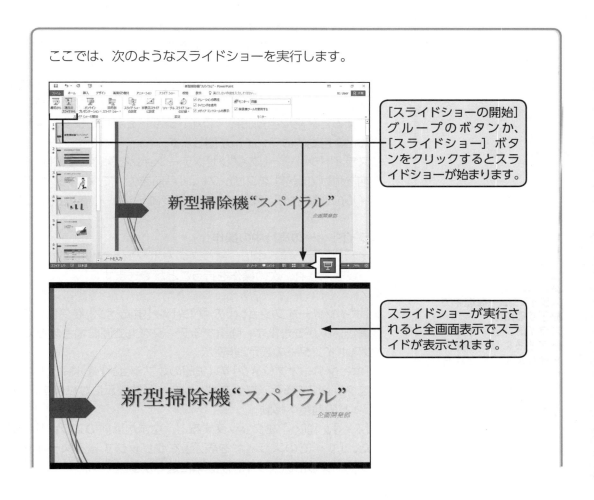

■ スライドショーの実行方法
- PowerPointで最初のスライドからスライドショーを実行する

    [最初から] ボタンをクリックすると、最初のスライドからスライドショーが実行されます。

- PowerPointで現在開いているスライドからスライドショーを実行する

    [現在のスライドから] ボタンをクリックすると、現在選択されているスライドからスライドショーが実行されます。ウィンドウ右下の [スライドショー] ボタンをクリックする方法もあります。

- PowerPointを起動せずにスライドショーを実行する

    ドキュメントフォルダーなどにあるプレゼンテーションファイルをマウスの右ボタンでクリックし、ショートカットメニューの [表示] をクリックします。

- 常にスライドショーとして開くようにプレゼンテーションを保存する

    スライドショーとして保存したファイルをエクスプローラーなどでダブルクリックすると、常に自動的にスライドショーを実行します。スライドショーが終了すると、自動的にファイルが閉じます。

    スライドショーとしてプレゼンテーションを保存するには、[ファイル] タブの [名前を付けて保存] をクリックし、[名前を付けて保存] ダイアログボックスの [ファイルの種類] から [PowerPoint スライドショー] を選択して保存します。

■ スライドショーの実行中の操作

スライドショーの実行中に、マウスの右ボタンをクリックすると、ショートカットメニューが表示され、次の操作を行うことができます。

- ペン

    [ポインターオプション] の [ペン] や [蛍光ペン] をクリックすると、スライドに書き込みができます。強調するデータを丸で囲む場合などに使います。

- マウスポインターの表示/非表示

    [ポインターオプション] の [矢印のオプション] をポイントして [常に表示しない] をクリックすると、マウスポインターが非表示になります。

- スライドの前後へ移動

    [次へ]、[前へ] をクリックすると、次または前のスライドにジャンプします。また、[すべてのスライドを表示] をクリックするとスライドが一覧で表示され、ジャンプしたいスライドが簡単に選べます。

💡 ヒント　スライドショーのヘルプ

スライドショーの実行中にF1キーを押すとヘルプを見ることができます。いくつかのタブに分類されて表示されますが、ここでは利用頻度の高い [全般] タブと [インク/レーザー ポインター] タブを紹介します。

💡 ヒント
スライドショーを途中で終了するには
スライドショーを途中で終了するには、**Esc**キーを押します。または右クリックして [スライドショーの終了] をクリックします。

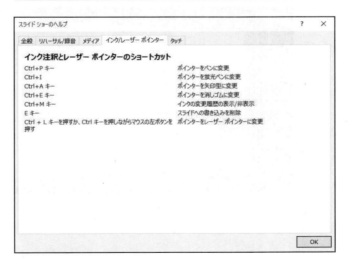

	次のスライドを表示	クリック、N、Space、→キー、↓キー、Enterキー、PageDownキーのいずれか
	前のスライドに戻る	Pキー、Backspaceキー、←キー、↑キー、PageUpキーのいずれか
[全般] タブ	指定した番号のスライドを表示	数字を入力してEnterキー
	スライドショーの終了	Escキー
	最初のスライドに戻る	マウスの左右ボタン両方を2秒押す
	タスクバーの表示	Ctrl + Tキー

	ポインターをペンに変更	Ctrl + Pキー
	ポインターを蛍光ペンに変更	Ctrl+Iキー
[インク/	ポインターを矢印型に変更	Ctrl + Aキー
レーザーポインター] タブ	ポインターを消しゴムに変更	Ctrl + Eキー
	スライドへの書き込みを削除	Eキー
	ポインターをレーザーポインターに変更	Ctrl+Lキー

スライドショーの実行

操作 スライドショーを実行する

スライドショーを実行して作成したプレゼンテーションの仕上がりを確認しましょう。

Step 1 1枚目のスライドに切り替えます。

Step 2 スライドショーを実行します。

❶ [スライドショー] タブをクリックします。

❷ [現在のスライドから] ボタンをクリックします。

Step 3 スライドショーが実行されます。

Step 4 画面上をクリックして次のページを表示します。

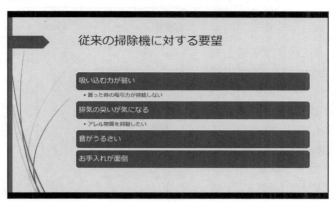

Step 5 次々にクリックしてアニメーションの設定と画面切り替え効果を確認します。

Step 6 [スライドショーの最後です。クリックすると終了します。] と表示されたらマウスをクリックしてスライドショーを終了します。

Step 7 スライドショーが終了し、標準表示モードに戻ります。

Step 8 [保存用] フォルダーにプレゼンテーションを保存します。

ヒント

非表示スライドに設定

非表示スライドについて

プレゼンテーションに含まれるスライドをスライドショーで表示しないように設定することもできます。表示しないように設定したスライドを「非表示スライド」といいます。
非表示スライドの設定を行うには、非表示にしたいスライドを選択し、[スライドショー] タブの [非表示スライドに設定] ボタンをクリックします。非表示にしたスライドは、スライド番号に斜線が引かれます。非表示スライドの設定を解除するには、対象のスライドを選択し、もう一度 [非表示スライドに設定] ボタンをクリックします。

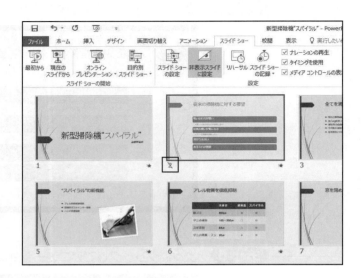

リハーサルの実行

リハーサルは、プレゼンテーションを成功させるために必要な作業であり、それを補助するのが「リハーサル機能」です。スライドの順番を確認するほか、アニメーションの動きやタイミング、前のスライドにスムーズに戻れるか、予定している時間内に収まるかなど、あらかじめリハーサルをしておくことで本番の不安要素を大きく軽減することができます。

リハーサル機能を使うと、本番のプレゼンテーションを想定して、実際に台本を読み上げながらスライドを進めることで、スライドごとに掛かった時間を知ることができます。また、ここで操作したスライドを切り替えたりアニメーションを動かしたタイミングを記録することもでき、実際のプレゼンテーションに利用することも可能です。

操作 リハーサルを実行する

Step 1 リハーサルを開始します。

❶ [スライドショー] タブが開いていることを確認します。

❷ [リハーサル] ボタンをクリックします。

Step 2 リハーサルが開始されるので、本番を想定してスライドを進めます。

❶ リハーサルが開始され、画面左上にプレゼンテーションの時間を記録する [記録中] ツールバーが表示されます。

❷ 本番を想定して、実際に話をしながら画面上をクリックしてスライドを進めます。[記録中] ツールバーに [現在のスライド表示時間] と [リハーサルの総時間] が表示されます。

Step 3 最後のスライドまで進め、リハーサルを終了します。

Step 4 [スライドショーの所要時間は××です。今回のタイミングを保存しますか？] というダイアログボックスが表示されたら [いいえ] をクリックします。

この章の確認

- ☐ スライドに画面切り替え効果を設定できますか？
- ☐ 適用した画面切り替え効果をプレビューすることができますか？
- ☐ スライドにアニメーションを設定することができますか？
- ☐ 箇条書きにアニメーションを設定することができますか？
- ☐ 開始アニメーションの方向を変更することができますか？
- ☐ グラフが項目別に表示されるアニメーションを設定することができますか？
- ☐ 強調のアニメーションを設定することができますか？
- ☐ スライドショーを実行することができますか？
- ☐ リハーサル機能を実行することができますか？

復習問題 問題 5-1

1. 「復習5-1　容器包装リサイクルとは」を開きます。
2. すべてのスライドに［ワイプ］の画面切り替えを設定します。
3. 2枚目のスライドの箇条書きに［ランダムストライプ］の開始アニメーションを適用します。
4. 2枚目のスライドの写真に［拡大/収縮］の強調アニメーションを適用します。
5. 7枚目のグラフに［ワイプ］の開始アニメーションを適用し、系列ごとに表示されるように変更します。
6. スライドショーを実行します。
7. ［保存用］フォルダーに「復習5-1　容器包装リサイクルとは（完成）」という名前で保存します。

完成例

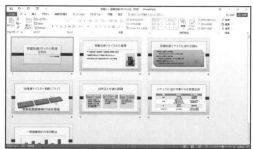

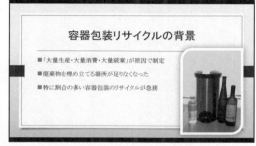

第 5 章　特殊効果の設定

第6章

資料の作成と印刷

- 発表者用資料の作成
- プレゼンテーションの印刷

発表者用資料の作成

PowerPointは、実際にプレゼンテーションを発表するときに必要となる資料を「ノート」として作成できます。実際に発表するときに口頭で行う説明のメモ、特に注意すべき事柄や強調すべき事柄の覚え書きなどは、各スライドのノートに書き込んでおきます。ノートの内容を印刷することもできます。

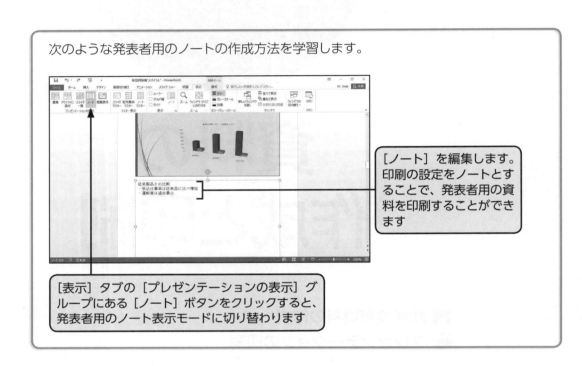

操作 ノートを作成する

4枚目のスライド「従来製品との比較」のノートに、グラフの説明を入力しましょう。ノートは標準表示でも編集できますが、入力する枠が小さいためノート表示に切り替えてから入力します。

Step 1 [保存用] フォルダーにあるプレゼンテーション「新型掃除機"スパイラル"」を開きます。本章から学習を開始する場合は、[PowerPoint2016基礎] フォルダーにある「6章_新型掃除機"スパイラル"」を開きます。

Step 2 4枚目のスライドを表示します。

Step 3 ノート表示モードに切り替えます。

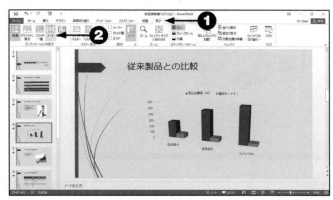

❶ [表示] タブをクリックします。

❷ [プレゼンテーションの表示] グループの [ノート] ボタンをクリックします。

Step 4 ノート表示モードに切り替わりました。

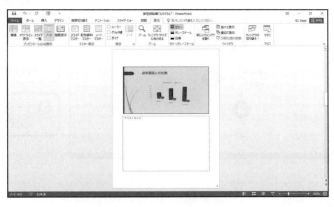

第6章 資料の作成と印刷

Step 5 [ズームスライダー] の右にある [ズーム] ボタンをクリックし、表示される [ズーム] ダイアログボックスの [100%] をクリックして拡大表示します。

Step 6 カーソルを表示します。

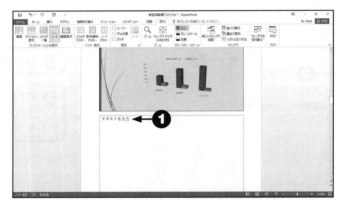

❶「テキストを入力」と表示されている位置をクリックしてカーソルを表示します。

Step 7 グラフの説明を入力します。

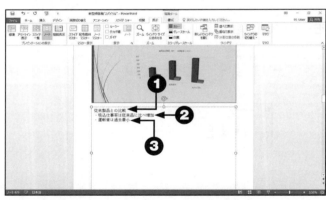

❶「従来製品との比較」と入力し、**Enter**キーを押します。

❷「・吸込仕事率は従来品に比べ増加」と入力し、**Enter**キーを押します。

❸「・運転音は過去最小」と入力します。

Step 8 [標準] ボタンをクリックして標準表示モードに切り替えます。

Step 9　標準表示モードに切り替わりました。

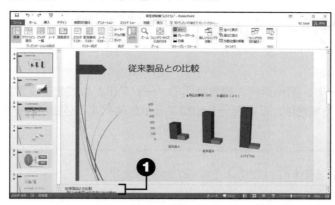

❶ ノートペインにグラフの説明が表示されていることを確認します。

Step 10　次の操作のため、1枚目のスライドを選択します。

プレゼンテーションの印刷

PowerPointは、スライド、配布資料、発表者用のノートをまとめて1つのファイルで管理しています。そのため、印刷する場合は、どの部分を印刷するかを選択する必要があります。

印刷できる資料には次のようなものがあります。

■ フルページサイズのスライド

スライドを1枚ずつフルページサイズで印刷します。

■ ノート

ノートとスライドを1枚に印刷します。

■ アウトライン表示

アウトライン表示と同様に印刷します。

■ 配布資料(2枚)

2枚のスライドを1枚の紙に印刷します。

■ 配布資料(3枚)	■ 配布資料(4～9枚)

3枚のスライドと書き込み用領域をあわせて1枚の紙に印刷します。	4～9枚のスライドを1枚の紙に印刷します。スライドの配置順序は縦方向、横方向のどちらも選択できます。

印刷設定と印刷プレビュー

印刷する場合は、印刷するスライドの選択、資料(レイアウト)の種類、用紙の向き、カラー/モノクロの指定などの詳細な設定ができます。印刷に失敗しないよう、印刷プレビュー機能を使って、画面で印刷イメージを事前に確認するようにします。

操作 印刷の設定を行う

4スライド(横)形式の配布資料、横方向の印刷をするように設定し、印刷プレビューで確認しましょう。

Step 1 [ファイル]タブの[印刷]を選択します。

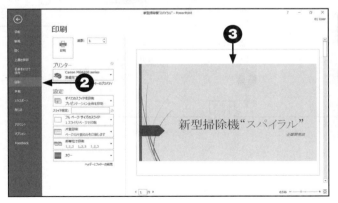

❶ [ファイル]タブをクリックします。

❷ [印刷]をクリックします。

❸ 画面の右側に印刷プレビューが表示されました。

第6章 資料の作成と印刷

Step 2 印刷のレイアウトを選択します。

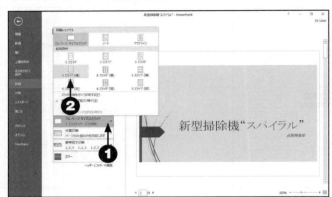

❶ [フルページサイズのスライド] をクリックします。

❷ [4スライド（横）] をクリックします。

Step 3 用紙の向きを変更します。

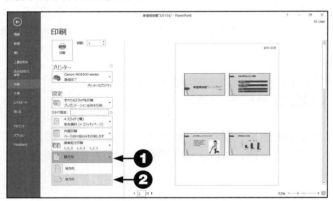

❶ [縦方向] をクリックします。

❷ [横方向] をクリックします。

Step 4 ページを送って次のページの印刷プレビューを確認します。

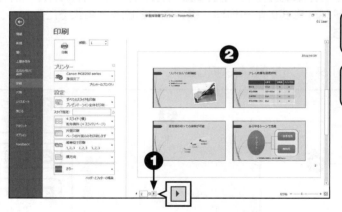

❶ 画面下中央にある▶をクリックします。

❷ 次のページの印刷プレビューが表示されます。

Step 5 印刷プレビューを拡大表示します。

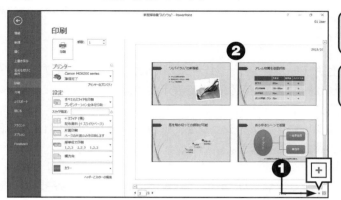

❶ ズームスライダーにある [+] をクリックします。

❷ 印刷プレビューが拡大表示されました。

Step 6 印刷設定の画面から通常の画面に戻します。

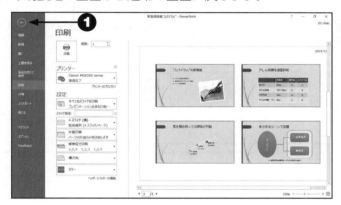

❶ [戻る] ボタンをクリックして通常の編集画面に戻します。

Step 7 [保存用] フォルダーにプレゼンテーションを保存します。

💡 ヒント **[カラー /グレースケール]について**

[カラー /グレースケール]は、プリンターに適したカラーモードが自動的に選択されます。用途に応じて設定を変更することもできます。

- カラー
    プレゼンテーションが、カラーで印刷されます。白黒プリンターで選択した場合、印刷プレビューはグレースケールで表示されます。
- グレースケール
    塗りつぶしやグラデーションが、グレーや黒で印刷されます。図形の中の文字が印刷されない場合があります。
- 単純白黒
    グラデーションや塗りつぶしが非表示になり、単純な白黒のみで印刷されます。

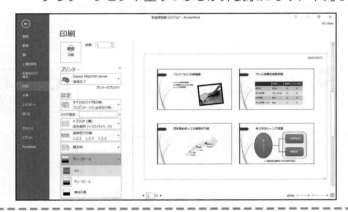

印刷の実行

印刷設定の内容を確認し、印刷を実行します。

操作 印刷を実行する

Step 1 ［ファイル］タブを開いて印刷設定を確認します。

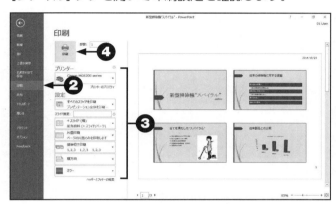

❶ ［ファイル］タブをクリックします。

❷ ［印刷］をクリックします。

❸ 設定内容や印刷プレビューを確認します。

❹ ［印刷］ボタンをクリックします。

Step 2 印刷を実行します。

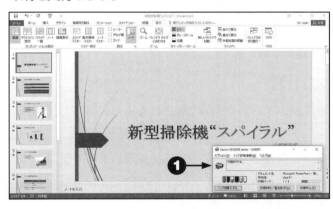

❶ 印刷が実行され、画面右下にプリンター情報が表示されます。
※プリンター情報は環境によって表示されない場合もあります。

第6章 資料の作成と印刷

この章の確認

- ☐ 発表者用のノートを作成することができますか？
- ☐ ノート表示モードで拡大表示することができますか？
- ☐ 標準表示モードに戻すことができますか？
- ☐ 配布資料として印刷する設定ができますか？
- ☐ 印刷プレビューを表示することができますか？
- ☐ 印刷プレビューで拡大表示することができますか？
- ☐ 配布資料を実際に印刷することができますか？

復習問題　問題 6-1

1. 「復習6-1　容器包装リサイクルとは」を開きましょう。

2. 5枚目のスライドを表示し、ノート表示モードに切り替えましょう。

3. ノート部分に以下を入力しましょう。
   ・分別排出・分別収集の質的向上の状況とその要因
   ・分別の改善による再商品化の効率向上効果・質的向上効果
   ・地域住民の理解度向上
   ・環境負荷の低減（CO2の削減効果等）等

4. 標準表示モードに切り替えましょう。

5. 配布資料として、1枚の用紙に3枚のスライドが印刷されるように設定し、印刷プレビューで確認しましょう。

6. 印刷プレビューの倍率を［ズームスライダー］で100％に設定しましょう。

7. 印刷プレビューの倍率を元（52％前後）に戻し、1枚の用紙に6枚のスライドが横方向の配置順序で印刷されるように設定して、配布資料を印刷しましょう。

8. ［保存用］フォルダーに「復習6-1　容器包装リサイクルとは（完成）」という名前で保存しましょう。

完成例

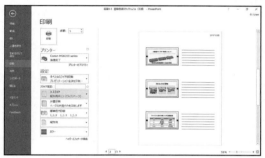
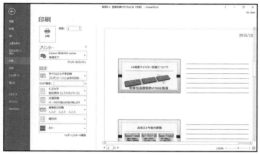
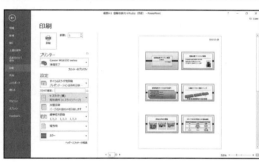

第6章 資料の作成と印刷

総合問題

本書で学習した内容が身に付いたかどうか、
総合問題で確認しましょう。

問題 1

新規にプレゼンテーションを作成しましょう。

■ 完成例

1. 新規にプレゼンテーションを作成しましょう。

2. タイトルスライドのタイトルに「BLOG（ブログ）を始めよう！」、サブタイトルに「JPNアンケート協会」を入力しましょう。

3. 2枚目のスライドとして［タイトルとコンテンツ］レイアウトのスライドを挿入しましょう。

4. 2枚目のスライドのタイトルに「Blogとは？」を、コンテンツプレースホルダーに以下の箇条書きを入力しましょう。
    Web上に公開する個人（企業）の日記帳として使われる用語
    Weblog（ウェブ上に記録する）の略で、一般的には「ブログ」と呼ばれる
    個人の日記や雑記をまとめたものや、芸能人、有名人のブログに人気が集中している

5. スライドのデザインのテーマを［イオンボードルーム］に変更しましょう。

6. 次の表を参考に、2枚目のスライドの箇条書きの書式を変更しましょう。

フォント	フォントサイズ	文字スタイル
HG丸ゴシックM-PRO	24pt	太字、斜体

7. 2枚目と同じレイアウトのスライドを3枚目として新規に挿入しましょう。

8. 3枚目のスライドのタイトルに「ブログランキング」を、コンテンツプレースホルダーに以下の箇条書きを入力しましょう。
    1位　有名人、芸能人のブログ
    2位　趣味や娯楽をまとめたブログ
    3位　個人の日記、雑記のブログ

9. 次の表を参考に、3枚目のスライドの箇条書きの書式を変更しましょう。

行間	行頭文字
2.0	塗りつぶし丸の行頭文字

10. 1枚目のスライドのタイトルとサブタイトルに入力されている文字列を右揃えに変更しましょう。また、タイトルは適当な位置で改行しましょう。

11. 3枚目のスライドに、イラスト「ブログ」を挿入しましょう。完成例を参考にサイズと位置を適宜調整しましょう。

12. 作成したプレゼンテーションに「総合1　BLOG（ブログ）を始めよう！（完成）」という名前を付けて、［PowerPoint2016基礎］フォルダーの［保存用］フォルダーに保存しましょう。

総合問題 問題2

問題1で作成したプレゼンテーションに以下のスライドを挿入しましょう。

■ 完成例

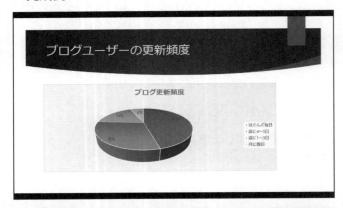

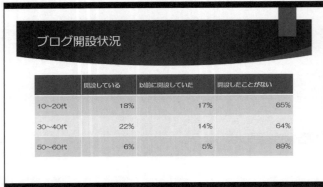

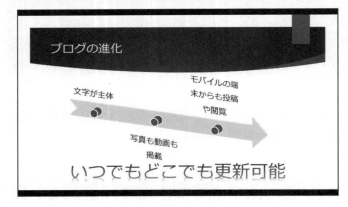

1. 「総合2　BLOG（ブログ）を始めよう！」を開きましょう。

2. 3枚目のスライドの後ろに新しいスライドを挿入しましょう。

3. 4枚目のスライドのタイトルに「ブログユーザーの更新頻度」を入力しましょう。

4. 次の図を参考に、4枚目のスライドに［3-D 円］グラフを作成しましょう。

	A	B	C
1		ブログ更新頻度	
2	ほとんど毎日	46%	
3	週に4～5日	30%	
4	週に1～3日	18%	
5	月に数回	5%	

5. 作成した円グラフのレイアウトを［レイアウト2］に変更しましょう。

6. 作成した円グラフのスタイルを［スタイル6］に変更しましょう。

7. 4枚目のスライドの後ろに新しいスライドを挿入しましょう。

8. 5枚目のスライドのタイトルに「ブログ開設状況」と入力しましょう。

9. 次の表を参考に、5枚目のスライドに4行4列の表を作成しましょう。

	開設している	以前に開設していた	開設したことがない
10～20代	18%	17%	65%
30～40代	22%	14%	64%
50～60代	6%	5%	89%

10. 表内の文字のフォントを［HG丸ゴシックM-PRO］に変更しましょう。

11. 表の列幅をすべて自動調整しましょう。

12. 完成例を参考に、表のサイズ、表内の文字列の配置を変更しましょう。

13. 5枚目のスライドの後ろに新しいスライドを挿入しましょう。

14. 6枚目のスライドのタイトルに「ブログの進化」と入力しましょう。

15. 次の表を参考に、6枚目のスライドに SmartArtグラフィックを挿入しましょう。また、完成例を参考にサイズを変更しましょう。

SmartArtの種類	入力する文字列	SmartArtのスタイル	フォントサイズ
タイムライン（手順）	文字が主体 写真や動画も掲載 モバイルの端末からも投稿や閲覧	ブロック	28

16. 完成例を参考に6枚目のスライドへワードアートを挿入しましょう。
    - 文字列：いつでもどこでも更新可能
    - 選択する種類：塗りつぶし（グラデーション）- ラベンダー、アクセント1、反射

17. 作成したプレゼンテーションに「総合2　BLOG（ブログ）を始めよう！（完成）」という名前を付けて、［PowerPoint2016基礎］フォルダーの［保存用］フォルダーに保存しましょう。

総合問題 問題3

問題2で作成したプレゼンテーションにアニメーションや印刷の設定を加えましょう。

■ 完成例

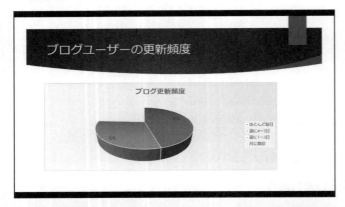

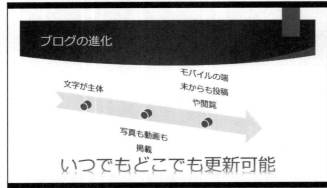

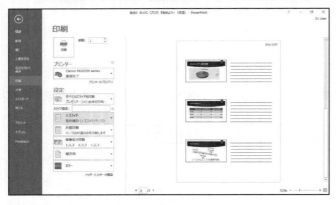

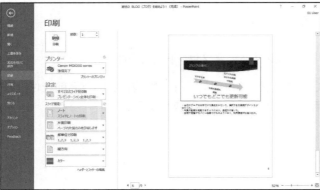

1. 「総合3　BLOG（ブログ）を始めよう！」を開きましょう。
2. 画面切り替え効果［出現］をプレゼンテーション全体に適用しましょう。
3. 2枚目のスライドのタイトルに、アニメーション［フェード］を適用しましょう。
4. 次の表を参考に、2枚目の箇条書きにアニメーションを適用しましょう。

アニメーション	種類	効果のオプション
開始	バウンド	1つのオブジェクトとして

5. 次の表を参考に、4枚目のグラフにアニメーションを適用しましょう。

アニメーション	種類	効果のオプション
開始	ズーム	項目別

6. 次の表を参考に、6枚目のSmartArtグラフィックにアニメーションを適用しましょう。

アニメーション	種類	効果のオプション
強調	パルス	個別

7. プレゼンテーションの配布資料として、1枚の紙に3枚のスライドが印刷されるように設定し、印刷プレビューを実行して確認しましょう。

8. 6枚目のスライドを表示して、ノート表示モードに切り替え、ノート部分に以下の文を入力しましょう。
・当初のブログは文字だけで構成されていて、選択できる画面デザインも少なかった。
・写真や動画も掲載できるようになり、表現力が増した
・投稿や閲覧がモバイル機器で行えるようになり、利用環境が大幅に拡大。

9. プレゼンテーションをノートとして印刷しましょう。

10. 作成したプレゼンテーションに「総合3　BLOG（ブログ）を始めよう！（完成）」という名前を付けて、［PowerPoint2016基礎］フォルダーの［保存用］フォルダーに保存しましょう。

問題 4

保存されているプレゼンテーションを開き、次の設定を加えましょう。

■ 完成例

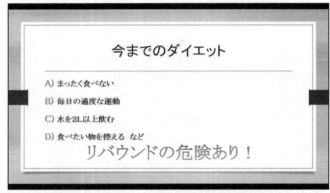

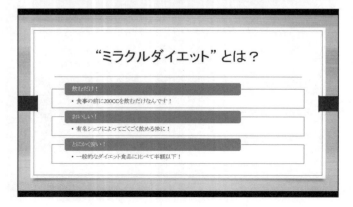

1. 「総合4　ミラクルダイエットのご紹介」を開きましょう。

2. スライドのデザインを［オーガニック］に変更しましょう。

3. 2枚目のスライドの箇条書きに、以下の書式を適用しましょう。

フォント	書式	行間	行頭文字
ＭＳ　Ｐ明朝	太字、影	1.5	段落番号　A) B) C)

4. 3枚目のスライドのレイアウトを［2つのコンテンツ］に変更しましょう。

5. 次の表を参考に、3枚目の左側のコンテンツに4列3行の表を作成しましょう。完成例を参考にサイズや文字列の配置を適宜調整しましょう。

	成功した	リバウンド	挫折した
男性	18%	16%	64%
女性	28%	24%	48%

6. 3枚目のスライドに、イラスト「ダイエット」を挿入しましょう。完成例を参考にサイズと位置を適宜調整しましょう。

7. 4枚目のスライドの箇条書きにある、次の文字列のインデントを増やしましょう。
   ・食事の前に200CCを飲むだけなんです！
   ・有名シェフによってごくごく飲める味に！
   ・一般的なダイエット食品に比べて半額以下！

8. 4枚目のスライドの箇条書きを、SmartArtグラフィック［縦方向箇条書きリスト］に変更しましょう。

9. SmartArtグラフィックのレイアウトを［縦方向リスト］に変更しましょう。

10. プレゼンテーションを、「総合4　ミラクルダイエットのご紹介（完成）」という名前を付けて、［PowerPoint2016基礎］フォルダーの［保存用］フォルダーに保存しましょう。

問題 5

問題4で作成したプレゼンテーションにアニメーションや印刷の設定を加えましょう。

■ 完成例

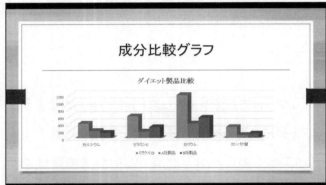

1. 「総合5　ミラクルダイエットのご紹介」を開きましょう。
2. 完成例を参考に、5枚目のスライドへイラスト「筋力アップ」を挿入し、完成例を参照してサイズを調整しましょう。
3. 次の表を参考に、6枚目のスライドのグラフを変更しましょう。

グラフの種類の変更	グラフのレイアウト	グラフタイトル	グラフのスタイル
3-D 集合縦棒	レイアウト1	ダイエット製品比較	スタイル11

4. 完成例を参考に、7枚目のスライドへ［右矢印］の図形を挿入しましょう。
5. 7枚目のスライドに、写真「プレゼント」を挿入しましょう。完成例を参考にサイズと位置を適宜調整しましょう。
6. 挿入した写真に、図のスタイル［四角形、面取り］を適用しましょう。
7. 挿入した写真に、［明るさ：-20%　コントラスト：0%（標準）］を適用しましょう。
8. 7枚目のスライドに、テキストボックス「直接配送」をフォントサイズ［28］で作成しましょう。
9. テキストボックス「直接配送」をコピーして、「お客様」を作成しましょう。
10. 「当社」、「直接配送」、「お客様」を複数選択して、［上揃え］に整列させましょう。
11. 次の表を参考に、7枚目のスライドへワードアート「だから安い！！」を挿入しましょう。

ワードアートの種類	配置
塗りつぶし (グラデーション) - 赤、アクセント4、輪郭 - アクセント4	完成例を参考

12. 画面切り替え効果［プッシュ］をプレゼンテーション全体に適用しましょう。
13. 次の表を参考に、7枚目のワードアート「だから安い！！」にアニメーションを設定しましょう。

アニメーション	種類	効果のオプション
開始	スライドイン	左から
強調	明るく	1つのオブジェクトとして

14. 配布資料として、1枚の紙に6枚のスライドが印刷されるように設定して、印刷しましょう。
15. 作成したプレゼンテーションに「総合5　ミラクルダイエットのご紹介（完成）」という名前を付けて、［PowerPoint2016基礎］フォルダーの［保存用］フォルダーに保存しましょう。

索引

英字

Microsoftアカウント	5
PowerPointの起動	5
PowerPointの終了	22
SmartArtグラフィック	72
SmartArtグラフィックのスタイルの変更	79
SmartArtグラフィックの挿入	74
SmartArtグラフィックのレイアウトの変更	78
SmartArtグラフィックへの変換	81
SmartArtグラフィックへの文字の挿入	77
SMARTARTツール	76

あ行

アウトライン表示	39
アニメーション効果	140
［アニメーション］タブ	136
アニメーションの追加	146
イラストの挿入	118
印刷の実行	167
印刷の設定	163
印刷プレビュー	163
インデントを増やす	36
インデントを減らす	36
上書き保存	63
閲覧表示	12
オブジェクトの選択	21

か行

箇条書き	36
画面切り替え効果	134
画面切り替え効果の設定	137
［画面切り替え］タブ	136
行間	61
強調効果	144
行頭文字	62
クイックアクセスツールバー	8
クイックスタイル	94
グラフツール	116
グラフのアニメーション設定	142
グラフの種類	110
グラフの種類の変更	113
グラフの挿入	111
グラフのデータ編集	109
グループ化	92
グループ解除	93
コネクタ	90
コマンド	10

さ行

サインイン	5
サムネイル	12
サムネイル表示	43
写真の色の変更	124
写真の効果の設定	124
写真の修整	123
写真の挿入	121
ズームスライダー	8
図解	70
図形	82
図形の効果	97
図形の順序	95
図形の整列	88
図形の挿入	82
図形の塗りつぶし	96
図形の複製	86
図形の枠線	96
図形への文字の挿入	84
図ツール	123
スライド一覧表示モード	12
スライドショー機能	147
スライドショー実行中の操作	148
スライドショーの実行	150
スライドショー表示モード	12
スライドの挿入	33
スライドの複製・移動・削除	43

| [スライド] ペイン ……………………………… 8
| スライドレイアウト ……………………………… 32
| スライドレイアウトの変更 ……………………… 50
| セクション機能 …………………………………… 47
| セルの選択 ……………………………………… 106

た行

| 段落書式 …………………………………………… 59
| テーマ ……………………………………………… 48
| テキストのアニメーション設定 ………………… 140
| テキストボックスの挿入 ………………………… 129

な行

| 名前を付けて保存 ………………………………… 63
| ノート ……………………………………………… 158
| ノートの作成 ……………………………………… 159
| ノート表示モード ………………………………… 12
| [ノート] ペイン …………………………………… 8

は行

| 背景の変更 ………………………………………… 52
| バリエーション …………………………………… 51
| 凡例 ………………………………………………… 115
| 凡例の位置の変更 ………………………………… 115
| 非表示スライド …………………………………… 152
| 描画ツール ………………………………………… 130
| 表示モード ………………………………………… 12
| 標準表示モード …………………………………… 12
| 表ツール …………………………………………… 108
| 表内でのカーソル移動 …………………………… 104
| 表の挿入 …………………………………………… 103
| 表の編集 …………………………………………… 105
| [ファイル] タブ …………………………………… 8
| フォントサイズの変更 …………………………… 55
| フォントの変更 …………………………………… 54
| プレースホルダー ………………………………… 17
| プレースホルダーの選択 ………………………… 19

| プレゼンテーションの印刷 ……………………… 162
| プレゼンテーションの新規作成 ………………… 28
| プレゼンテーションの保存 ……………………… 63
| プレビュー ………………………………………… 49

ま行

| ミニツールバー …………………………………… 58
| 文字の色の変更 …………………………………… 57
| 文字のスタイルの変更 …………………………… 56
| 文字列の選択 ……………………………………… 17

や行

| 横書きと縦書きの変更 …………………………… 130

ら行

| リハーサル ………………………………………… 152
| リハーサルの実行 ………………………………… 153
| リボン ……………………………………………… 8
| 列幅 ………………………………………………… 105

わ行

| ワードアート ……………………………………… 125
| ワードアートのスタイルの変更 ………………… 127
| ワードアートの挿入 ……………………………… 126

■ 本書は著作権法上の保護を受けています。
　本書の一部あるいは全部について（ソフトウェアおよびプログラムを含む）、日経BP社から文書による許諾を得ずに、いかなる方法においても無断で複写、複製することを禁じます。購入者以外の第三者による電子データ化および電子書籍化は、私的使用を含め一切認められておりません。
　無断複製、転載は損害賠償、著作権法の罰則の対象になることがあります。

■ 本書についての最新情報、訂正、重要なお知らせについては下記Webページを開き、書名もしくはISBNで検索してください。ISBNで検索する際は－（ハイフン）を抜いて入力してください。

　　　https://bookplus.nikkei.com/catalog/

■ 本書に掲載した内容についてのお問い合わせは、下記Webページのお問い合わせフォームからお送りください。電話およびファクシミリによるご質問には一切応じておりません。なお、本書の範囲を超えるご質問にはお答えできませんので、あらかじめご了承ください。ご質問の内容によっては、回答に日数を要する場合があります。

　　　https://nkbp.jp/booksQA

PowerPoint 2016 基礎 セミナーテキスト

2015年12月28日　初版発行
2022年 6 月 1 日　初版6刷発行

著　　者：日経BP社
発　行　者：村上 広樹
発　　行：日経BP社
　　　　　〒105-8308　東京都港区虎ノ門4-3-12
発　　売：日経BPマーケティング
　　　　　〒105-8308　東京都港区虎ノ門4-3-12
装　　丁：折原カズヒロ
制　　作：クニメディア株式会社
印　　刷：大日本印刷株式会社

・本書に記載している会社名および製品名は、各社の商標または登録商標です。なお、本文中に™、®マークは明記しておりません。
・本書の例題または画面で使用している会社名、氏名、他のデータは、一部を除いてすべて架空のものです。

©2015 日経BP社

ISBN978-4-8222-9787-9　　Printed in Japan